I0756797

Conversaciones
Especial Coronavirus

Evaristo Ventosa

1.ª Edición: abril de 2020

© Evaristo Ventosa y seudónimos asociados.

ISBN: 979-86-4-0557237

A la memoria de **Felisa G.**, y de
todos aquéllos que nos han sido
arrebatados por esta pandemia.

Con amor.

Cuanto sigue es, de nuevo, una obra de ficción. Cualquier parecido con la realidad continúa siendo evidente.

La sensibilidad del lector puede verse herida por el empleo de un lenguaje y una sinceridad procaces.

Para una versión fabulada de esta obra, consulte los principales medios de comunicación de los distintos colores políticos aquí pintarrajeados.

an pasado meses desde que invitamos a los representantes de distintos partidos a participar en una conversación distendida, de la que no ha trascendido ni una sola palabra más allá de los muros de aquel reservado, donde los entonces candidatos a la presidencia se concedieron el privilegio de mostrarse honestos. Ahora, en pleno Estado de Alarma a causa de la pandemia que azota al planeta, volvemos a convocarles, ya no como aspirantes sino como líderes de una sociedad que vive con angustia, fatiga y una incierta resignación el goteo constante de contagios y fallecidos, a los que se suma un horizonte de recesión económica, desempleo y pobreza que ya empieza a manifestarse en estos momentos difíciles. Convocamos a los responsables políticos a participar en un encuentro por videoconferencia, ardid tecnológico al que ha quedado reducido el contacto humano fruto del distanciamiento social; sin embargo, nos sorprende la exigencia de los protagonistas, que prefieren verse las caras, saltándose las normas de confinamiento e higiene para mantener una nueva ronda de *Conversaciones. Especial coronavirus.*

Advertencia. Cualquier indicio de oportunismo sería evidente, salvo por el anonimato condicionado que seduce a estas charlas, sinceras por su insignificancia.

oce de la noche, reservado de un hotel de lujo en una localidad turística del litoral mediterráneo, donde nuestros protagonistas han decidido refugiarse huyendo de los controles, las restricciones y la amenaza del virus, que golpea la capital del Estado con criminal vehemencia. Hemos dispuesto como medida profiláctica a fin de preservar la higiene una barra libre de mascarillas, geles hidroalcohólicos y guantes de látex, pero los representantes políticos prescinden de todo eso, que califican de «memeces», y asaltan las bodegas del establecimiento, suficientemente nutridas como para empapar en ginebra, cerveza y vino a toda la Europa turística que aguarda en casa, dinamitando en su ausencia éste y otros negocios hosteleros. El moderador que les habla, escondido como es costumbre tras un heterónimo fútil, da la bienvenida a los contertulios: don Pedro **Sánchez**, flamante nuevo presidente del gobierno y adalid del Partido Socialista Obrero Español (PSOE); su escudero, don Pablo **Iglesias**, vicepresidente del ejecutivo y líder atávico de Unidas por supuesto que Podemos, no faltaría más (UP); don Pablo **Casado**, timonel de la oposición y maniquí visible del Partido Popular (PP); don Santiago **Abascal**, caudillo predestinado de Vox, también conocido como Palabra, una revista satírica editada por el extinto aparato de propaganda

de la Alemania nazi, que ha vuelto con fuerza; doña Inés **Arrimadas**, primera y única mujer en adentrarse en este manglar como piloto de Ciudadanos, una nave que zozobra y de la que pronto nos será difícil recordar su nombre; y don Alberto **Garzón**, ministro de ciertos asuntos en el gobierno, quien dice representar a una entidad llamada Izquierda Unida (IU), si bien no tenemos noticias de su existencia, aunque al final aceptamos su concurso ante el desvanecimiento de Íñigo Errejón, quien fue visto por última vez en las inmediaciones del Congreso perorando a los leones sobre tensiones y distensiones en radiadores con núcleos de aluminio, y buscando mujeres de mediana edad a las que adular. Como en el anterior encuentro, nos acompañan, de forma extraordinaria, don Gabriel del **Rufián**, eunuco intelectual de Palau, responsable de los arreglos en la partitura territorial del gobierno y representante de Esquerra de la República *dels sonriures* Catalans (ERC); y don Aitor **Esteban**, embajador de Euskadi en Madrid y portavoz en las Cortes del Partido Nacionalista de los Verdaderos Vascos (PNW).

Evaristo Ventosa: Antes de empezar, permítanme agradecerles a todos su concurso, más teniendo en cuenta el riesgo que supone este encuentro.

Abascal: Sobre todo porque la mujer del coletas lleva un mes incubando la enfermedad como si fuera uno de sus polluelos, y seguro que nos acaba pegando el virus a todos.

Casado: La mujer de Pablo, y también la de Pedro.

Abascal: ¿Cómo se llamaba la mujer de Pedro Picapiedra?

Garzón: Betty Mármol, creo.

Esteban: No, joder; esa era la esposa de Pablo, *cuchi-cuchi*. La de Pedro se llamaba Vilma. ¿No os acordáis del grito que pegaba al principio de la serie?

Sánchez: *¿Yabba daba doo?*

Arrimadas: Yo creo que no había nacido entonces.

Esteban: ¡Coño, no habríais nacido ninguno, pero alguna vez habréis visto *Los Picapiedra*, digo yo!

Arrimadas: ¿El resto del debate va a ser tan palurdo como hasta ahora, o entraremos a valorar cuestiones de calado?

Abascal: ¡Tranquilízate, guapa! Aquí no estamos para impresionar a los medios ni hacer campaña; aquí se viene a beber y olvidar, como reza la canción.

Casado: No te pongas melodramático, Santi, que vas a asustar a la pobre chiquilla.

Arrimadas: ¡Pobre chiquilla tu puta madre!

Sánchez: ¡Oye, oye, oye! ¡Calmaos todos, que aún no hemos empezado! Habrase visto…

Garzón: Son los estragos del confinamiento, que crispan los nervios y provocan reacciones sobredimensionadas. Un estudio publicado recientemente vaticina que…

Abascal: O el cóctel de hormonas que lleva dentro la preñada. Luego dirán que exagero por pedir que se prohíba a las mujeres, en ciertos momentos del mes y de sus vidas como paridoras, afrontar asuntos sensibles que requieran de un ánimo sosegado, ¡pero ahí tenéis la prueba!

Arrimadas: ¡Me cago en todos tus muert...!

Abascal: ¡Coño! ¡Creía yo que era usted una muñequita de porcelana, doña Inés!

Iglesias: La última vez que nos reunimos, te referías a ella más como una muñeca hinchable.

Abascal: ¡Hinchados tengo los cojones de escucharte, gilipollas! ¡Medio país se muere por culpa de vuestras manifestaciones feministas!

Iglesias: Lo dice el tío que montó un mitin en Vistalegre en plena pandemia, del que salieron más contagiados que fascistas se apiñan el veinte de noviembre en el Valle de los Caídos. ¡Ay, no, que hemos sacado a Franco de su mausoleo para enterrarlo en una cuneta! Ahora sólo nos queda volar por los aires la puta cruz de los cojon...

Casado: Iglesias no ha tardado ni diez segundos en empezar su mitin, y como siempre con arengas a la guerra del abuelo. Si cierro los ojos, parece que estoy en medio de una de las ruedas de prensa del vicepresidente.

Arrimadas: ¿Aquí no tendría que haber un moderador, censurando las constantes salidas de tono de estos impresentables? ¿O este debate será como el Estado de las autonomías, en el que el gobierno dicta una orden y cada uno hace lo que le sale del coño?

Rufián: Evaristo, rey de la baraja, abre la boca que se te comen los leones. Y hablando de grandes felinos, ¿habéis visto el documental de Netflix sobre el Lion King que se presentó a las elecciones presidenciales en Estados Unidos?

Abascal: Para que luego os quejéis del erial patrio. No veréis a un lince ibérico aspirar a la Moncloa.

Iglesias: No, porque os los habréis cargado a todos.

Evaristo Ventosa: Si me permiten... [El cruce de acusaciones y exabruptos provoca que nadie escuche, dejando sin herramientas a un moderador timorato que apenas sabe cómo reiniciar esta conversación caótica y descuidada].

Sánchez: Calma. Calma. ¡Joder, callaos un momento! ¡Vamos! Un poco de silencio, por favor. Antes de empezar, tengo una pregunta para nuestra anfitrión, quien, no lo olvidemos, corre con todos los gastos de esta *soirée*. [El presidente del gobierno eleva la mano y agita su vaso, donde tintinean los hielos, sin percatarse, hasta pasados unos segundos, de que hemos prescindido de la presencia de camareros, u otro personal salvo los escoltas que esperan fuera del reservado. El presidente dirige una mirada a Iglesias, quien deriva la orden a Garzón, quien a su vez corre solícito hasta la barra del bar en busca de más bebida]. Amigo Evaristo, permíteme la pregunta: ¿cuántos ejemplares del texto recopilatorio de nuestro anterior debate lograste vender en esa plataforma de Jeff Bezos donde arrojas tus miserias cual mensaje en una botella lanzado a la inmensidad insondable del piélago?

Evaristo Ventosa: Un ejemplar; bueno, una descarga del libro electrónico. [Las carcajadas arrecian, y el periodista ha de componer una mueca amable y morderse el labio, asintiendo ante la mofa].

Sánchez: Disculpa la insolencia, que entiendo resulta reprobable, pero bien visto es una buena noticia que nadie te preste la más mínima atención; en caso contrario, no podríamos repetir este encuentro. Si alguien fuera consciente del valor de aquellas palabras que pronunciamos, jamás hubieran salido de nuestra boca. La razón por la que podemos ser francos es porque la sinceridad resulta intrascendente e irresponsable.

Abascal: Es como aquello que dijo Trump, lo de que podía salir a la calle en Nueva York y pegarle un tiro a alguien en la cabeza, y aún así su índice de popularidad no descendería, incluso es probable que aumentara.

Iglesias: Lo de Trump resulta antes un signo de fanatismo, de adhesión integrista a un reflejo grotesco que vive instalado en la certidumbre y en la cómoda infalibilidad.

Casado: ¿No quedamos la última vez en que dejaríamos aparcadas las peroratas electorales y los trabalenguas académicos? ¿Qué pasa, ahora que Errejón ha desaparecido quieres reclamarte como el nuevo empollón de la clase?

Abascal: ¡Es verdad! ¡No me había dado cuenta de que faltaba Harry Potter! Seguro que Iglesias se lo ha cargado y ha hecho desaparecer el cadáver dándoselo a los leones del Congreso, como la loca del documental de Netflix.

Casado: En lugar de Errejón, se ha traído al ministro de Consumo. Esto ya parece una reunión del gabinete.

Abascal: ¿Quién es el ministro de Consumo? ¿El mayordomo que le está sirviendo el coñac al señor presidente? ¡No jodas que este tío es ministro!

Iglesias: Vale, Abascal, deja de hacer el payaso.

Arrimadas: Pues a mí me interesa este asunto. ¿Qué pinta Alberto Garzón en una reunión de líderes políticos?

Garzón: ¡Soy coordinador federal de Izquierda Unida!

Abascal: ¡Y yo presidente del club de fans de Bertín Osborne y de mi comunidad de vecinos, pero no estoy aquí en representación de ninguno de esos dos colectivos!

Rufián: ¡Qué comunidad de vecinos ni que ostias! Santi, tú tienes una mansión a costa de mangonear a todos los nazis afiliados a Vox el pago de la cuota, amén de otras contribuciones más opacas procedentes de Oriente Medio que filtras a través de tus fundaciones, ¡malandrín!

Abascal: ¡No consiento que viertas bulos sobre mi persona! ¡Eso sí que no! Y menos tú, un republicano que vive a cuerpo de rey. ¿O quieres que hablemos del picadero que has montado en Madrid para pasarte por la piedra a las seguidoras húmedas que acumulas en las redes sociales?

Arrimadas: Si este reservado va a mudar en plató de La Sexta o Telecinco, mejor les concedo a todos ustedes la intimidad suficiente para que puedan seguir vomitando perlas sin el menor rubor, y yo me voy a mi casa.

Evaristo Ventosa: No será necesario. Les ruego un mínimo de decoro. ¿Por qué no empiezan cada uno de ustedes valorando su actual situación? Desde la última vez que coincidimos, muchas cosas han cambiado, ¿no es así? Señor presidente, si tiene la bondad de empezar usted.

Sánchez: Por supuesto, amigo Evaristo. Bueno, creo que mi caso es el más relevante. No sólo he conseguido convertirme en presidente del gobierno, formando un ejecutivo estable a pesar de las circunstancias, sino que he dejado en evidencia cualquier otra opción política, mostrando que somos la única alternativa al ascenso imparable de la extrema derecha, que en los últimos comicios arañó suficientes sufragios como para plantear un órdago al marco de conviven...

Evaristo Ventosa: Señor presidente, le ruego disculpe la interrupción, pero quizás debería recordarles a todos que el objetivo de estas conversaciones intrascendentes es que encuentren un canal para expresarse de forma honesta, lejos de las cámaras, los

focos y el escrutinio mediático y ciudadano a sus palabras. Se trata, como ya ha manifestado alguno de ustedes, de que dejen aparcado en la puerta el discurso electoral y partidista, y se sinceren desde la tranquilidad que supone saber que no serán juzgados por ello, porque nadie les escucha.

Sánchez: Está bien; pero, que conste, suscribo las palabras que antes he... Vale, vale. De acuerdo. No somos la alternativa al avance de la extrema derecha, sino sus principales beneficiados, junto a nuestros amigos vascos y catalanes. De no haber sido por Abascal y su gente, no hubiéramos llegado tan lejos. Necesitábamos la amenaza de ese engendro de exabruptos y boutades [Una risa comedida contagia a los presentes, salvo a Inés Arrimadas, que no comprende el motivo de la hilaridad, y a Alberto Garzón, que dibuja una mueca de compromiso] que nos brinda el partido de Santi. Nuestra gente fue a votar con una pinza en la nariz, aterrada pensando que el fascismo llamaba a su puerta, y gracias al miedo soy presidente.

Casado: Y, mira por donde, sigues siendo el presidente del miedo. No puedes quejarte.

Sánchez: No lo hago, pero en estas semanas de pandemia, el miedo no lo hemos provocado nosotros, lo que siempre vuelve la situación impredecible e inestable.

Casado: No lo habéis provocado, pero lo estáis gestionando.

Sánchez: No somos estúpidos. Está claro que...

Iglesias: Está claro que eres presidente gracias al miedo, pero también, y más aún si cabe, gracias a nosotros que concitamos el consenso de las fuerzas progresistas.

Abascal: Ya estás con tus ruedas de prensa. Seguro que eres de los que da mítines hasta cagando.

Iglesias: Tengo razón. La unidad de la izquierda aún devendría una quimera de no ser por el denodado esfuerzo de diálogo que siempre me ha tenido como muñidor y artífice. No habríamos llegado tan lejos de no ser por mi intercesión, por mi carisma y por mi desprendido sentido de la responsabilidad de Estado.

Sánchez: Por mí, por mí, por mí. Se te olvida el: «y por todos mis compañeros».

Casado: Los dos sois unos gilipollas. [Los aludidos refunfuñan pero no replican, naufragando en sus bebidas casi al unísono]. Sánchez es presidente porque Abascal y Rivera, en paz descanse, dinamitaron la unidad de nuestra base electoral, tendiéndole una alfombra roja en el camino a la Moncloa. A veces creo que Vox es la quinta columna del PSOE para fragmentar la respuesta de la derecha.

Sánchez: Yo siempre he pensado lo mismo de Podemos.

Casado: Base no te falta. Con su cacareo preñado de derechos civiles, minorías, políticas identitarias y feminismo, hace tiempo que nos entregaron el monopolio de los asuntos relevantes. El Círculo de Empresarios ha puesto un altar a Iglesias y su sagrada familia.

Esteban: Por cierto, ¿dónde para Rivera estos días?

Rufián: Se ha jubilado, aceptando el puesto de niño bonito en un despacho de abogados.

Iglesias: Iba a sacar un libro antes de que el mundo entrara en pausa por motivo del coronavirus, ¿no? Alguna estupidez sobre el derecho a ser libre y vivir del cuento.

Arrimadas: Albert ha decidido disfrutar de las mieles que le han reportado sus años de servicio público, y es justo que le dejemos en el cajón de los expresidentes, junto al resto de la ropa sucia y los otros perros con bozal.

Rufián: ¡Joder con la reina del consenso y la moderación centrista! ¿Qué es eso, Casado? ¿Tienes una erección?

Arrimadas: ¿No es ése el propósito de estos encuentros, prescindir de paños calientes y mostrar nuestro verdadero rostro? ¿Pensabais que soy una *barbie* seducida por la mística liberal de la concordia? Estoy al frente de un partido moribundo en un país de necios que prefieren el grito de guerra al susurro de la razón. ¿Qué queréis que os diga? Se supone que Albert nos llevaría a la Moncloa, y el premio a todos esos años partiéndome la cara en Cataluña sería una posición de Estado que, en estos tiempos de rebajas institucionales, hasta un inútil como Garzón puede disfrutar sin arrugarse siquiera esa cara de empanado.

Garzón: Le ruego mida sus palabras. Me ha ofendido. [Estallan las carcajadas, al tiempo que los líderes conservadores brindan en honor a su nueva espada]. Soy ministro, y es mucho más de lo que antecesores como Paco Frutos o Julio Anguita pudieron soñar. Por primera vez en nuestra historia reciente, los representantes de la auténtica izquierda nos ocupamos de las tareas más sensibles y trascendentes del gobierno: igualdad y consumo, ahí es nada. Me siento orgulloso de lo lejos que hemos llegado, y aprovecho el interludio para manifestar mi adhesión sin ambages al liderazgo de don Pablo Iglesias Turrión.

Sánchez: Te has dejado varios millones de votos por el camino respecto a Anguita o Frutos, y eso por no mencionar que tu partido ya no se reconoce en el espejo del electorado. Podemos es un marido al que le has entregado las llaves de tu identidad sin requerir nada a cambio, y el día que se canse de ti y os pida el divorcio, os convertiréis en una de esas viejas amargadas que coleccionan gatos, como el Partido Comunista de los Pueblos de España o algún otro anacronismo similar.

Garzón: Señor presidente, con todos mis respetos, no sabe usted de qué está hablando. Para empezar, Izquierda Unida no es un partido, sino un movimiento político y social que sirve de cobijo a inquietudes diversas en el marco de una acción colectiva sin paradigmas de opresión y censura.

Casado: Alberto, cariño, comprende que la primera regla de la política es reconocer que tratas con un electorado de imbéciles profundos, ni siquiera tontos circunstanciales. Lo digo porque entre las peroratas filosóficas del desaparecido Errejón y vuestro partido-que-no-es-un-partido-sino-un-movimiento-social-y-político-de-los-cojones, nadie entiende una mierda de lo que decís, y salvo los *rojos* que no destiñen ni bañándolos en ácido, la gente normal se ríe en vuestra cara, o se reiría si supiera de vuestra existencia.

Iglesias: Dejad a Alberto en paz, que no le ha hecho daño a nadie. Son malos, Alberto, ¿verdad? Anda, guapo, porque no nos sirves una ronda a todos como buen ministro de Consumo que eres. [Garzón se levanta refunfuñando y cumple con las directrices de su jefe de filas]. Bueno, ¿por dónde íbamos? Estábamos poniéndonos al día, ¿verdad?, valorando qué tal nos ha ido desde las elecciones. Pues, ¿qué os puedo decir? Soy vicepresidente del gobierno de España. Ahí lo dejo. Hace unos meses Errejón iba a borrarnos de la escena en su ascenso, el PSOE nos robaría votos frente a la amenaza fantasma de Santi y su gente, ¡coño, si hasta vaticinaban que los votantes de Podemos se pasarían a Vox, como si esto fuera *Juego de Tronos*! Pues, miradme: vicepresidente del gobierno. ¡Qué os den!

Esteban: Con menos votos que en pasadas elecciones.

Iglesias: Ahora me dirás que los votos cuentan para algo. ¡No me jodas! ¿Qué importa si cada vez menos españoles confían en nosotros? Lo que importa es que seamos capaces de manosear el poder que llevamos años olfateando desde el vagón de cola. Dame una brizna de influencia, y mejor si es en un escenario de caos y confusión como el que reina ahora; dame un rival digno, como Santi y sus perros poniéndose en evidencia a cada ladrido; dame al aparato del Estado como palanca y construiré un fondo de sufragios que, tarde o temprano, nos convertirá en la primera fuerza política de este país. ¿No me creéis? Fijaos en la Ley de Libertad Sexual, en la renta básica, en la regulación de las apuestas; estamos cambiando el mundo perceptible, estamos sembrando votos con bagatelas con las que otros ni siquiera se limpiarían el culo; y ya os digo que vamos por el buen camino, imparables hasta la cima. Hacedme caso.

Arrimadas: ¿Ha llegado el momento de destripar la mierda de Ley de Libertad Sexual, aberrante y doctrinaria, o abordamos más adelante esa cuestión de forma monográfica? Lo digo por reservarme.

Abascal: Joder, Irene, ¡das miedo! Pareces un notario. ¿Por qué no seguimos con la puesta al día? A ver, Pedro es presidente y ya ha pasado a la historia, que es lo que quería; Iglesias está planeando su república bolivariana; Garzón nos ha servido una ronda de chupitos, gracias Alberto; Inés se ha convertido en capitana del Titanic y Casado lidera a la oposición acomplejada. ¿Y yo? Bueno, yo sigo a lo mío. Después de los excelentes resultados de las últimas elecciones, más de uno se dio cuenta de que Vox no era una peña futbolística y que aquí había dinero y autoridad que rascar, así que me tocó poner orden antes de que me crecieran los enanos, como al amigo Casado. He cerrado la boca de algunos descontentos obedientes, he purgado a los críticos y me he perpetuado en el mando mientras el partido aguante y pueda sacar tajada. A nosotros la mierda asamblearia, las primarias o las baronías regionales no nos convencen. Al crear Vox nos inspiramos en el *modus operandi* de las sectas, ¿entendéis? Vox tiene un líder iluminado que dicta el camino, una serie de profetas con privilegios que completan con epifanías puntuales el dogma y una estructura de sumisión que actúa como campana, evitando que nuestra gente entre en contacto con otra realidad distinta a la que proyectamos. Tal vez lo juzguéis exagerado, pero os aseguro que funciona como la seda.

Iglesias: De exagerado nada; admirable. Yo en Podemos sigo idéntico camino, sólo que en nuestro caso la receta se debe aplicar con más astucia, con ínfulas discursivas más abstrusas para que la gente, antes que no ver lo evidente, simplemente no lo entienda. Pero el fin es el mismo que todos perseguimos: aislar al adepto de otra realidad que no sea la nuestra, porque en caso de que empezara a ver el mundo atendiendo a su propio juicio, estaríamos de más.

Casado: Eso ya lo hablamos la última vez; esa estrategia sectaria podéis desarrollarla los partidos nuevos, pero los viejos arrastramos demasiadas deudas pegadas al culo: redes clientelares, hipotecas con la patronal y el Ibex 35, liberados y arribistas de confianza, baronías autonómicas y locales, expresidentes tocapelotas. Somos como la Iglesia católica: iluminados, pero institucionales.

Rufián: Los nuevos y los nacionalistas. Con todos mis respetos, Santi, pero hablas como si hubiera descubierto el Mediterráneo. ¿Qué te crees que es el independentismo sino una religión laica? Y como en toda religión, falta que te alejes del dogma y cedas terreno a la duda para que te flagelen, porque los fieles no buscan otra cosa que certidumbres. Mírame a mí; me dejé convencer por Iglesias para participar de su saqueo a la Moncloa, y en casa han empezado a llovernos los palos. ¡Menos mal que Junqueras sigue en la cárcel! Y que esto no salga de aquí o me capan.

Sánchez: Nada sale de aquí, por mucho que nuestro buen amigo Evaristo se lo proponga. [Risas condescendientes]. ¿Y qué hay del vasco, que siempre tiene la última palabra? ¿Aitor? Te veo algo apesadumbrado.

Esteban: Como los vascos siempre gozamos de la última palabra, mejor cedo el turno a la señora Arrimadas, que aún no ha tenido oportunidad de aburrirnos con uno de esos soliloquios que tanto os gusta deslizar de vez en cuando.

Arrimadas: ¿Qué queréis que os diga, que no sepáis ya? ¿Que cómo ha cambiado mi vida en estos meses? Para empezar estoy aquí, lo que parece que os hacía buena falta. Me sacaron de Cataluña para reflotar un barco repleto de grietas, y quiero creer que nos hubiéramos hundido aún más de no ser porque di la cara. Albert pretendía emular a Suárez: convertirse en presidente del gobierno, salvar al país del desastre y ganarse los galones de héroe nacional por toda la eternidad. Lo primero no iba a suceder, así que ha pasado directamente a la casilla de la jubilación, empleando las puertas giratorias casi con tanta soltura como los profesionales de los viejos partidos. Yo aspiraría a lo mismo, de no ser consciente del poco tiempo que me queda. Jugamos la carta de la moderación y el diálogo, que de nada sirve en medio del caos, por lo que no tenemos opciones: no somos la mejor bisagra, como los cuatro vocingleros identitarios de Podemos, Esquerra o el PNW; es imposible que mantengamos con dignidad, o sin ella, el pulso a la arenga recalcitrante de Abascal y sus orangutanes; y nuestro camino, descorazonador y espinoso, es quitarle votos al PP y al PSOE, cuyos electores son cada día más estúpidos. Estoy en un brete muy jodido, en resumen. ¿Sabéis cuál es mi mayor pesadilla? Despertar una mañana y descubrir que me he convertido en Rosa Diez, como en la *Metamorfosis* de Kafka… Rosa Diez, todo pellejo y maquillaje de Mercadona.

Abascal: Ostia, ¿hay una peli en la que la protagonista se despierta convertida en Rosa Diez? Parece una de las *Pesadillas* de Stephen King.

Iglesias: Rosa Diez con antenas.

Abascal: ¿Antenas de qué canal?

Rufián: De TV3.

Casado: Dejad en paz al pobre imbécil.

Abascal: ¿Cómo que pobre imbécil?

Garzón: Señor Abascal, creo que se están mofando de usted a cuenta de una ligera confusión nominal.

Abascal: ¿Os estáis riendo de mí? [La mayoría trata de disimularlo, pero es evidente]. ¡Aitor! ¿Qué les decimos a estos putos *maquetos*?

Esteban: Hombre, *maquetos* no son, que vienen de la Meseta. Con llamarles *españoles* es suficiente insulto.

Rufián: ¡Sin ofender!

Casado: Coño, Rufián, si con el tiempo que pasas en la capital ya eres más madrileño que *charnego*. Dentro de poco, te veo vestido de chulapo; la jeta y el tonillo ya los tienes, y sólo te falta afinar tu receta del cocido.

Rufián: ¡Madrileño lo será tu puta madre!

Abascal: ¡Subnormal, mírate el carnet y dime cuál es la capital de tu nación! ¡Hasta como madrileño sigues siendo un *charnego* acomplejado!

Rufián: ¡Mi nación la decido yo, nazi de mierda!

Abascal: ¡Pues corre, ya puede ir a montarte la república independiente de tu puta casa!

Arrimadas: ¡Y pensar que estos gilipollas nos doblan en número de votos! No cabe duda de que la gente es imbécil. Deberíamos rescatar el sufragio censitario.

Abascal: La señora Arrimadas, aún en periodo de prueba, ya está preparada para darnos una clase magistral a todos. Iglesias, te ha salido competencia.

Arrimadas: Para que pudiera enseñaros algo, tendríais que ser conscientes de que no sabéis nada, pero tú eres demasiado imbécil hasta para eso, y Casado vive envanecido en su atalaya de mierda, esperando a que le llegue su turno de gobierno, sin darse cuenta de que entre todos estáis desmembrando este país.

Casado: Inés, no te lo tomes a mal, pero por muy mona que seas y todo eso, a tu gente y a ti os quedan dos telediarios en la política, así que disculpa si tus opiniones me entran por una oreja y me salen por el culo.

Garzón: Ese comentario heteropatriarcal le degrada a usted como representante político, y nos incomoda a los demás desde la más abyecta vergüenza ajena. Debería retractarse, y de paso tal vez considerar cederle su puesto a una mujer dispuesta al diálogo constructivo. ¿Qué tal Ayuso?

Abascal: ¡Coño, Iglesias! Al domesticar a Errejón se ha convertido en Garzón. ¡Mira, acabo de componer un poema! Para que luego digan que el lince ibérico es insensible.

Casado: Tal vez, si damos de comer a Garzón después de la media noche, o lo metemos en agua, vuelve a convertirse en Íñigo, como los Gremlins.

Abascal: No me queda claro, en este caso, quién sería el peluche... ¿Cómo se llamaba?

Sánchez: Mogwai.

Iglesias: ¡Vuestra puta madre es Mogwai!

Sánchez: ¡Cálmate, Sancho Panza, que yo sólo estaba contestando a una pregunta! Y que no se te ocurra levantarme la voz, que ya tengo bastante con aguantar que vayas por libre en las entrevistas y ruedas de prensa.

Iglesias: Pedro, guapito, soy tu socio de gobierno, no tu mandingo. En las entrevistas y ruedas de prensa diré lo que me salga de la punta hiperbólica del nabo, cuando me salga del nabo y como me salga del puto...

Arrimadas: Ya, del nabo, nos ha quedado clara la imagen, aunque para algunas es toda una sorpresa que tengas algo que ofrecer entre las piernas.

Iglesias: ¡Mira, guapa, por ahí no vayas que me encuentras! ¡Putos liberales de mierda!

Evaristo Ventosa: [Cunde el barullo, y el moderador es consciente de que, tal vez, ha tardado más de la cuenta en frenar la escalada verbal] ¡Por favor! ¡Por favor! ¡Se lo ruego! ¡Por favor! Eso es... Si me permiten... Por favor... Bajen las copas... ¡Y los puños! Gracias. Si me permiten, noto el ambiente mucho más enrarecido que en la anterior ocasión en la que conversamos. ¿Estoy en lo cierto? ¿A qué creen que se debe esa hostilidad, diría que casi personal, y mucho más procaz y violenta?

Sánchez: Es el puto Estado de Alarma. Está siendo un desastre en todos los sentidos.

Abascal: O una oportunidad.

Sánchez: Sí, tal vez: una calamidad para nosotros, y una oportunidad para los demás. Verás, los presentes somos políticos profesionales a los que conduce el hambre de poder, prestigio, relevancia y dinero, y mientras los problemas sean menores, o bien se puedan esconder con disimulo, todo irá bien, pero ante una auténtica crisis, ninguno de nosotros sabe qué hacer, cómo gestionar aquello que no nos ha traído hasta aquí, para lo que no nos hemos preparado, de lo que nada sabemos ni queremos aprender.

Abascal: Una crisis siempre es una oportunidad para alentar el revanchismo, la confrontación, y sacar provecho a mar revuelto, lo que en nuestro caso resulta esencial. Lo decía la última vez que nos vimos, y vuelvo a repetirlo: el peor escenario para Vox sería que las cosas fueran bien; al igual que Podemos, si no hay un desastre, nuestro discurso de odio y manipulación no tiene sentido. Necesitamos el miedo, y siempre es más fácil que ese pavor ya exista por causas objetivas, como una epidemia o el desempleo, antes que haber de crearlo en un laboratorio de noticias falsas y cuentas manipuladas en las redes sociales.

Iglesias: Santi está en lo cierto, pero en nuestro caso, desde el gobierno, las cosas son más complicadas. La verdad, estoy experimentando una extraña sensación, casi esquizofrénica. Por un lado, como vicepresidente, comparto la amargura de Sánchez, y a mí también me gustaría estar disfrutando del Falcon para irme con mi mujer a un concierto y esas mieles del poder; pero, por otro, soy el bastardo de la misma madre que Vox, y reconozco que, si no aprovecho ahora esta oportunidad para crear bronca y sacar tajada, tal vez me arrepienta más adelante. No quiero acabar como Albert.

Arrimadas: Yo os envidio, porque me gustaría caer en ese tono grueso y zafio, pero en Ciudadanos no podemos.

Sánchez: Es exactamente lo mismo de lo que se quejaba Albert en su día.

Arrimadas: Ya; es que, en nuestro caso, las cosas no han cambiado, si no es a peor. Para encontrar nuestro sitio en un centro donde nadie quiere verse reconocido, debemos dejar que Abascal y Casado capitalicen la bronca, mientras tendemos la mano a Sánchez para que abuse de nosotros. Es el peor escenario posible, y me saca de mis casillas.

Casado: Nosotros no estamos obteniendo todo el rédito que deberíamos de esta pandemia. Cuando el brote se agudizó en Madrid, reconozco que me acojoné; pensaba, igual que Sánchez, que nos íbamos a comer el marrón de este virus, pero nuestra prensa ha hecho un gran trabajo, tanto es así que hemos convertido a la inútil de Ayuso en un ejemplo de gestión eficaz. Pedro ha jugado muy bien la carta del compromiso y el consenso, porque sabe que no somos Vox, y no podemos serlo aunque lo deseemos. ¡Ahí me quito el sombrero! Si nos negamos a pactar un acuerdo de mínimos para repartir las culpas, seremos destripados como egoístas y diletantes, y si bien somos ambas cosas y muchas más, en ningún caso podemos permitirnos dar esa imagen. Si aceptamos ir de la mano de Sánchez, la mitad de los nuestros se irá con Inés y la otra mitad con Santi, así que nos toca descubrirnos con la esperanza de que, por muy en evidencia que queden nuestras vergüenzas, seremos capaces de arreglarlo más tarde en la tribuna, la prensa y las redes sociales, los mentideros que importan.

Sánchez: Son tiempos difíciles.

Rufián: ¿Difíciles? Ninguno de vosotros tiene ni idea de lo que es pasarlas putas. ¡La pandemia de los cojones nos ha borrado del mapa! Ninguna de vuestras miserables desgracias es comparable al drama que está viviendo el independentismo. Hace unos meses copábamos portadas, éramos la primera preocupación del país, monopolizábamos tertulias y editoriales, y ahora, si se me ocurre mencionar la independencia… ¡Ni siquiera me lincharían, consiguiendo a lo sumo un par de bostezos y un recorte en la última columna de las delegaciones de provincias!

Esteban: Sí, lo del Estado de Alarma nos ha tocado las narices hasta a nosotros, si bien no es comparable porque, Euskadi, como Estado independiente, contempla la injerencia española como un mero bache, fácil de sortear llegado el momento. Amigo Rufián, tiempo y paciencia.

Evaristo Ventosa: No quisiera parecer irrespetuoso, pero la pandemia ha dejado un saldo de decenas de miles de muertos y de contagiados en nuestro país, y todos ustedes se limitan a valorar sus efectos en términos electorales. Pensé que la crispación vendría por las discrepancias respecto a la manera de gestionar y dar solución a esta crisis.

Casado: ¿Qué solución? Ya lo ha dicho antes Pedro: no somos médicos, virólogos o lo que sea. Nosotros no estamos para resolver nada. Para eso tienes a los especialistas, y cuando cinco tíos con una lista de doctorados que haría ruborizar a Sheldon Cooper se arrancan a discutir, tú te cagas y ruegas al cielo para que se pongan de acuerdo y alguien te explique cómo vendérselo luego a la ciudadanía.

Sánchez: Eso es; de gestionar la crisis se ocupan los técnicos, que para eso les pagan. Pero los técnicos no tienen que presentarse a unas elecciones, ni tienen que mantener un perfil público sujeto al cambio caprichoso de parecer en el electorado o la manipulación encubierta.

Iglesias: Los técnicos lo tienen fácil; ellos sólo han de contar muertos, o preparar vacunas, o lo que coño sea que hagan. Nosotros somos los que estamos en la cuerda floja, los que debemos mantener afilada la lengua y lista la réplica para evitar que nos ganen la partida. Esto es una guerra, y todos los que hoy estamos aquí somos generales en primera línea de combate. Ya me gustaría ver a esos técnicos levantar un partido político de la nada, conducirlo por entre las aguas turbulentas de la manipulación y las traiciones palaciegas, y con todo llegar al poder para mantenerse en lo alto a pesar de las zancadillas. Sí... Ya me gustaría...

Arrimadas: O heredar el aliento de un moribundo que se ahoga, con la imposible misión de que no fallezca. Salen a aplaudir al personal sanitario, cuando deberían inclinarse y humillar la frente alabando nuestro nombre.

Abascal: Mujer, ahí tal vez te has pasado. El reconocimiento de esos héroes de la sociedad española también puede ser una oportunidad. Todos tenemos médicos y policías en nuestras filas. Bueno, algunos más que otros...

Rufián: El problema es que tú todo lo ves como una oportunidad porque, para ti, todo lo es; pero los demás estamos de mierda hasta el cuello.

Sánchez: Torra no ha dejado de agitar la bandera del independentismo, y parece que le va tan bien como a Santi, culpando al gobierno fascista de España por exportar desde la Meseta el virus a las comarcas catalanas.

Rufián: Ya, pero el *molt honorable* no apoyó con su voto un gobierno de coalición en Madrid. ¡Joder, todo esto es culpa de Iglesias! ¡Cabrón!

Iglesias: ¿Culpa nuestra? ¿Somos nosotros los que hemos traído la Covid a España y a Catalunya?

Abascal: Eso es excesivo, hasta para mí, pero tomo nota.

Rufián: ¡No, joder! ¡El Covid, o la Covid, o como sea, no! ¡La enfermedad no! ¡La coalición, joder! Sánchez, Roures, Colau, tú y el resto nos convencisteis de que todo iría bien, de que tendríamos a los mejores medios de comunicación blanqueando nuestra imagen, y que podríamos quitarle el poder a Puigdemont. Nos colmasteis de promesas que ahora han quedado en nada. En ese aspecto, somos las principales víctimas de esta crisis.

Iglesias: No me jodas, Gabi. ¿Cómo podíamos prever que sucedería algo así? Desde que se declaró la pandemia, todos estamos improvisando.

Rufián: Pero tú improvisas desde el sillón del vicepresidente, y nosotros desde el silencio sepulcral de los medios que no nos hacen ni puto caso. Hasta los voceros de Santi han vuelto la mirada hacia Sánchez y su gestión para cosechar lectores desinformados. ¿¡Y qué ganamos nosotros con eso!? Yo te lo diré: ¡una mierda! Anonimato, la peor peste de la política. No somos nadie, no somos nada: ni el problema ni la solución.

Esteban: Disculpa que te lo diga así, Gabriel, pero te quejas de tus propias incapacidades culpando a otros. Si queréis protagonismo, lanzad un órdago que los medios, las redes sociales y el público no pueda obviar: romper con las medidas de aislamiento, fabricar pruebas de madrileños visitando de forma temeraria vuestras costas. ¡Haced como Trump, y llamad al bicho este como «virus madrileño»! ¡O, mejor aún, el «virus español»! Esa es buena...

Arrimadas: ¿Y qué te crees que están haciendo los acólitos de Puigdemont? Cada informativo de la televisión autonómica catalana es un panfleto contra Sánchez y Madrid. Ese es el problema, que Rufián se equivocó de aliados, y ahora teme que vaya a rodar su cabeza.

Casado: Tal vez no veamos a Gabi en una tercera edición de estas conversaciones. Si nos descuidamos, acabaremos como el reparto de *Los Soprano*.

Iglesias: Ah, pero ¿vamos a convertir estos encuentros en un hábito? No querría perder la frescura que me define.

Sánchez: Mientras siga corriendo la cerveza, el whisky y el buen vino, por supuesto. Ministro de Consumo [El presidente se dirige a Garzón, entregándole su vaso para que lo rellene, gesto al que todos los demás se suman], si es usted tan amable, por favor, se lo ruego...

Evaristo Ventosa: Tras esta accidentada puesta al día, como es obvio voy a preguntarles por la crisis sanitaria que estamos viviendo, y que, en buena medida, es el motivo que nos ha reunido de nuevo, saltándonos las estrictas medidas de confinamiento.

Casado: En eso de pasaros por el forro la cuarentena, los miembros del gobierno tenéis cierta experiencia.

Rufián: A todo esto, ¿cómo están Irene y los niños?

Abascal: Disfrutando del jardín.

Iglesias: Mejor dejamos a la familia al margen de pullas e insultos, si no os importa.

Arrimadas: Pues a mí sí que me importa. Ya me diréis qué sentido tiene liberarse de prejuicios si vamos a ir con pies de plomo para no ofender las intimidades de cada cual.

Abascal: Doña Inés del alma mía tiene razón. Además, Irene es ministra de algo, no sé muy bien de qué: uno de esos ministerios de coña que os habéis inventado para satisfacer a vuestros talibanes de género. Así que, como menestra de verduras, entra en el menú.

Iglesias: Ministra de Jara y Sedal, si fuera por vosotros.

Rufián: De burladeros y aroma rancio a cuarto mal ventilado. No me quiero ni imaginar la quiniela de ministerios si Santi llegara a la Moncloa. Militares, toreros...

Sánchez: Tiene razón nuestro querido Evaristo; os noto más broncos y dispersos de lo habitual. El muchacho nos ha formulado una pregunta que quizás deberíamos responder.

Esteban: Pues mira que yo a ti te veo muy metido en el papel de presidente, pontificando cada dos reglones. Será cosa del centralismo que tratáis de imponernos por la vía del Estado de Alarma. Espero que no se te suba a la cabeza, y vayas a pensar que pintas algo en Euskadi.

Abascal: ¿¡Qué centralismo ni que ostias!? ¡Con todo a su favor, Pedro no ha tenido huevos de poner firmes a las autonomías, y aquí cada uno hace y deshace a su antojo!

Iglesias: No me negarás que hemos conseguido sentar a Torra junto al resto de presidentes autonómicos, por muchas ínfulas de nación soberana que quiera perorar a los cuatro vientos. Al menos, concédeme eso.

Arrimadas: No me jodas, Iglesias. En Cataluña y el País Vasco, pedís permiso hasta para que la UME vaya a cagar.

Sánchez: Algo estaremos haciendo bien cuando ninguno está satisfecho. Si para los vascos esto es un atentado al autogobierno, y para Arrimadas y los *hoolingans* de Abascal no somos sino diecisiete pollos sin cabeza, eso significa que hemos dado con el punto de equilibrio adecuado para amargaros a la fiesta, y así que todos podáis quejaros.

Casado: O que no tenéis ni puta idea de lo que estáis haciendo y el resultado es demencial.

Sánchez: No tenemos ni puta idea, pero ya veremos lo que dicen las encuestas al respecto.

Arrimadas: ¿Las encuestas que os cocina Tezanos al dictado de Iván Redondo y Pablo Iglesias? Reconozco que habéis encontrado una forma creativa de que el Estado financie la perpetua campaña electoral del PSOE.

Iglesias: A mí no me mires, yo acabo de llegar.

Arrimadas: No me jodas, Iglesias. La última encuesta del CIS apestaba a *Eau de Pablemos* a un kilómetro.

Evaristo Ventosa: Dejarles hablar para que intercambien reproches resulta tentador, pero me gustaría que respondieran a la pregunta que les he formulado. ¿Cómo valoran el actual contexto de crisis sanitaria, nacional e internacional? El número de infectados y fallecidos, en España, Europa y el resto del mundo, alcanza cifras inverosímiles, y la población asiste entre estupefacta, irritada y temerosa a la amenaza que se extiende por nuestro país. ¿Cómo valoran esta situación? Y, se lo ruego, traten de ceñirse a mi pregunta en su respuesta.

Rufián: ¿Que cómo lo valoro? Pues es una putada, como es evidente. La apuesta, personal y política, en la que me aventuré antes de que estallara la pandemia, era lo suficientemente arriesgada como para encumbrarme, quién sabe si en el camino a la presidencia de la Generalitat. ¡Joder, era el político del momento, la estrella más fulgurante del auditorio! Me subía al estrado y amenazaba con chulería infinita a todos estos pusilánimes, a derecha e izquierda, advirtiéndoles de que los tenía cogidos por los huevos, y que no podían ni toser sin mi permiso. Junqueras se desesperaba en su puta celda, viendo cómo le reducía al martirio más inane. Y de pronto, de un día para otro, me convierto en un figurante más a quienes los medios apenas prestan atención. ¿Os podéis creer que los principales periódicos de este país nos han relegado a una nota al pie de la edición digital? Ahora todo son gráficos con la evolución de contagios y cadáveres, y cualquier gilipollas con un título de epidemiólogo, virólogo o vete tú a saber qué, tiene a las televisiones comiendo de su mano.

Garzón: Creo que el señor Ventosa estaba preguntando por nuestra opinión respecto a la crisis sanitaria; ya sabéis, los muertos, infectados, el distanciamiento social y todo eso.

Rufián: ¿¡Y a mí qué coño me importa la puta crisis sanitaria y la Covid de los cojones!? ¡Yo quiero salir en televisión, que mi nombre rebote de un titular de prensa al siguiente, y que no se hable de otro problema que Cataluña! Porque, como dejéis de prestar atención a ese asunto, se desvanecerá, y los que vivimos de este cuento nos quedaremos con el culo al aire. ¿A mí qué mierda me importa si la gente se muere? ¡Ni que yo fuera Santa Teresa! ¿Tú te crees que a alguno de los presentes le preocupa otra cosa que salvar su propio culo? ¡Por favor!

Esteban: Pues algunos estamos preocupados por algo más que nuestros traseros, señor Rufián. Es mi caso, por ejemplo. Esta crisis está descubriendo las costuras de nuestra independencia foral, y ya os digo que no nos hace maldita la gracia. Hace meses, cuando nos reunimos, estaba claro que Euskadi es un nación independiente, aunque unos cuantos españoles parece que aún no lo han advertido; pero, de la noche a la mañana, el Estado central se atreve a retirar fronteras y nuestra independencia queda en entredicho, dando munición a los críticos *abertzales* que nos denuncian por bailarle el agua a los españoles. Pues ya les digo a todos ustedes que los vascos, los verdaderos vascos, los que el pasado 12 de abril colgaron la *ikurriña* en sus balcones para celebrar el Aberri Eguna, que los otros no son sino *maketos*, y buena nota nos hemos tomado de ellos, ¡eh!, que aquí los catalanes creen haber descubierto el juego de las banderas, pero en Euskadi eso es más viejo que la tos, que quede claro... ¿Qué estaba diciendo?

Abascal: ¡Aitor, qué te perdemos, joder! ¡Con lo bien que hablas en la tribuna!

ESTEBAN: Coño, porque ahí estoy interpretando... Me habéis confundido. ¿Por dónde iba? Eso, pues que a los vascos nos ha jodido, y bien, esta pandemia, y no porque necesitemos titulares, que a nosotros la prensa española nos la trae floja, que para eso tenemos Euskal Telebista... Pues... ¡Coño, ya! ¡Que me cago en el Estado de Alarma! ¡Qué ya me dirás tú quién se cree que es el gobierno de España para decirnos a nosotros lo que tenemos que hacer! Y mirad, a Pedro aún lo aguanto porque sabe cuál es su sitio y se mueve lo justo de los límites que le hemos marcado en el suelo, pero el señor Iglesias me decepciona.

Iglesias: No sé qué he podido hacer para molestar a nuestros buenos amigos vascos pero, Aitor, te aseguro que nos encontrarás siempre a tu servicio, a tu entera disposición, a tu lado, como reza el título de la copla.

Esteban: ¡A mi servicio y una mierda, que te está faltando tiempo para abrazar la causa jacobina! ¿Dónde quedan todos esos discursos posmodernos llamando a la fractura de los pueblos de España, la autodeterminación y esas gilipolleces? Cuándo más y mejor te podías ganar el sueldo, vas y nos decepcionas apoyando el toque a rebato centralista. ¡Muy mal, señor Iglesias! Muy mal.

Iglesias: Aitor, te aseguro que nuestro compromiso con vosotros permanece intacto. Euskadi sigue siendo intocable, y queda fuera de los límites de este gobierno.

Sánchez: Fíjate en las instrucciones del Ministerio de Educación; plantea las mismas ideas que vosotros pusisteis sobre la mesa, pero jamás se nos ocurriría enmendar una sola coma de vuestra independencia. Euskadi y España son naciones hermanas. Aitor, como dicen los jóvenes de hoy en día, os llevamos en la patata.

Esteban: ¡Naciones hermanas, mis cojones!

Iglesias: ¿Estás molesto por la intervención del ejército? Si hace falta, mandamos a la UME en misión humanitaria a Cuenca y así no son causa de rencor entre nosotros.

Esteban: ¿¡Qué voy a estar molesto por el puto ejército!? A nosotros eso nos la trae floja; a fin de cuentas, vosotros pagáis la factura del ejército, y con la paciencia que tenemos por aguantaros, ¡qué menos que traigáis a vuestros soldados a limpiar el retrete de nuestros viejos! El ejército me importa un carajo. El problema es… El problema… Coño, Garzón, ¿¡qué mierda de *patxaran* me has servido!? Sabe a meado de burro. Ponme algo que se pueda beber. ¡Putos españoles! No saben hacer nada a derechas y como Dios manda.

Iglesias: Alberto, vamos, date prisa. [El ministro de Consumo corre al bar en busca de una bebida más apropiada que contente al representante del PNW. Mientras, los murmullos incómodos se extienden entre los contertulios, que asisten, entre inquietos y abochornados, al servilismo del gobierno de coalición].

Arrimadas: Lo que le jode a los vascos es que Sánchez e Iglesias hayan tomado decisiones sin consultarles, y es comprensible. Como ha dicho Esteban, son muchos años de independencia efectiva como para descubrir, de la noche a la mañana, que el País Vasco no deja de ser una región más, por mucho que se toleren ciertos privilegios forales a los que nos hemos acostumbrado.

Abascal: Irene, aquí nos gusta llamarnos por nuestro nombre de pila, ¿sabes? Nos hace sentir más cómodos, menos amenazados por nuestros perfiles públicos.

Arrimadas: ¿Esa es la contribución más sesuda que puedes aportar al asunto de la crisis matrimonial entre el nacionalismo vasco y el Estado español?

Iglesias: Ese es el aporte más lúcido que puede incorporar a cualquier debate.

Abascal: ¿Qué mosca os ha picado ahora a todos? Yo lo he dicho porque…

Esteban: Porque eres imbécil, Santi, tan gilipollas como lista se cree la señora Arrimadas. Pero Inés, deja que te diga una cosa: tú y tu partido de niños bonitos mejor será que os quedéis al sur de Álava. Y si tienes alguna duda, pregúntale a Santi por los años de plomo. [Los reproches e insultos se anegan en el barullo que las palabras del representante nacionalista vasco han provocado].

Sánchez: ¡Sí que está crispado el ambiente! ¡Vale! ¡Vamos a calmarnos todos! ¡Por Dios! A ver, Inés, serénate y cuéntanos cómo valoras esta crisis.

Casado: ¿Qué pasa, ahora también eres el moderador?

Abascal: Debe de ser el síndrome Tezanos.

Sánchez: La presidencia del gobierno imprime carácter. Os diría que ya lo comprobaréis por vosotros mismos, pero dudo que alguno llegue tan lejos.

Rufián: Ni ganas.

Sánchez: ¡Vamos, Gabi! Venderías a Cataluña por mucho menos; pero no quiero entrar en polémicas. Sigamos con la ronda de intervenciones. Hacedlo, al menos, por el pobre Evaristo que no deja de taparse la boca, como si temiera que le fuéramos a contagiar. Inés, cuéntanos cómo lo llevas.

Evaristo Ventosa: En realidad, la pregunta no es tanto cómo llevan ustedes...

Arrimadas: ¿Que cómo lo llevo? Veamos. He aceptado salvar a un partido que mi predecesor dejó al borde de la muerte, y después de domesticar a los insurrectos y los arribistas que querían moverme la silla para que me diera de bruces contra el suelo, cuando se suponía que íbamos a despegar con propuestas sonadas, iniciando un repunte mediático, estalla una pandemia y se va todo a la mierda. Así que, si me preguntas cómo lo llevo, la respuesta es: de puta pena. Nos ha pasado lo mismo que al imbécil de Iglesias y su círculo de oligofrénicos: hemos apostado por favorecer la gobernabilidad, aceptando posiciones secundarias en el tablero institucional, y ahora que podríamos estar chupando cámara, como la presidenta a medio hornear de la comunidad madrileña, nos tienes entre bambalinas. Mira el caso de Villacís, la vicealcaldesa de Madrid, eclipsada por el enano de Martínez-Almeida, ¡un tío que no le llega, literalmente, ni a la cintura!, y cuyo nombre pasean en procesión las televisiones y periódicos, de España y medio mundo, como el nuevo Rudy Giulani, como si esto fuera otro 11S. ¿Que cómo lo llevo? Esto es una pesadilla holística.

Evaristo Ventosa: En realidad, les preguntaba por las víctimas, los infectados, la distancia social y...

Arrimadas: Y yo, ¿qué quieres que te diga de eso? Este país está lleno de imbécil y retrasados que votan a Vox y a Podemos, ¿qué quieres? Es lo que hay.

Evaristo Ventosa: Disculpe, no comprendo su argumentación señora Arrimadas.

Arrimadas: Este es un país de borregos y descerebrados, a quienes ha habido que encerrar en sus casas porque son incapaces de seguir las más mínimas prevenciones higiénicas si no les pones una patrulla de policía cada cien metros, o si no atiborras cada informativo con media docena de alusiones catastróficas y otra media de niños saludando a sus putos abuelitos a los que no pueden ver y que echan mucho de menos. ¡Capullos! Los enclaustras en casa dos meses, y mientras les dejes grabarse haciendo el gilipollas en los balcones, nadie protesta. Somos una democracia de aplausos concertados, y neuróticos que se atrincheran tras un muro de papel de váter. Suecia, Dinamarca, Alemania; ahí tienes a sociedades donde impera el sentido común, países donde Ciudadanos sería una fuerza bisagra con suficiente habilidad y cintura política como para convertirme a mí en la primera presidenta del gobierno, como en *Borgen*. ¿Habéis visto *Borgen*? Iglesias seguro que sí, porque no hace otra cosa que ver series pedantes y hablarle al espejo. En un país civilizado, yo sería la próxima Birgitte Nyborg, presidenta de una coalición centrista, liberal y democrática. Pero esto es España, y mientras nosotros nos esfumamos en el absoluto olvido, los más estúpidos y radicales asaltan las almenas del poder.

Iglesias: ¿Ya has terminado? Antes de proseguir, quiero que conste que no sólo conozco la serie de televisión, sino que yo fui de los primeros en España en verla, en versión original subtitulada al inglés. Recuerdo que, por aquel entonces, aún utilizaba la mula para mis descargas.

Esteban: ¿De qué coño está hablando este tío?

Sánchez: De nada, tú ni caso. Yo llevo meses aguantando sus tonterías, y a todo digo que sí, sin escuchar casi nada. *Garson*, querido, sé un buen ministro de Consumo y mira si tienen whisky de malta en el bar, porque la mierda que me has puesto sabe a matarratas.

Garzón: Sí, señor presidente. ¿Te traigo algo, Pablo?

Casado: No, estoy bien.

Iglesias: Creo que hablaba conmigo.

Casado: En ese caso, tráeme otro *gin tonic*, y algo de picar, que empiezo a notar cierto mareo con el estómago vacío.

Abascal: Chaval, a Rufián y a mí nos pones lo mismo que esté tomando Aitor, pero más cargado, a ver si nos espabilamos un poco.

Garzón: No sé si voy a recordarlo todo.

Iglesias: ¡Coño, Alberto, qué no es tan difícil! Un whisky de malta, un *gin tonic*, unos cacahuetes o almendras, y cualquier mierda de bebida folclórica que encuentres tras la barra del bar. ¡Vamos! ¡Vamos!

Casado: ¡Cómo está el servicio! [Risas desconsideradas mientras el ministro de Consumo corre a cumplir con sus tareas, repitiéndose entre susurros el contenido de la comanda para no olvidar].

Iglesias: No lo sabes tú bien. ¿Es mi turno? Bueno, como si lo fuera. Sé que algunos valoraréis esta crisis como un problema, una catástrofe, un revés, pero yo también quiero ver en ella una oportunidad. Cuando empezó todo, muchos columnistas y tertulianos se mofaron de nuestra elección de ministerios, porque ninguno de los míos ocupaba un puesto de relevancia. Incluso en Podemos hubo quien criticó mi buen juicio al rechazar la cartera de Sanidad; decían que, con toda la exposición pública que Salvador Illa está cosechando, Podemos habría aparecido ante medio planeta como cabeza del gobierno, y no como los faldones de un vestido ajado. Pero se equivocaban, todos; quedarnos prácticamente al margen ha sido uno de los mayores aciertos de mi carrera, porque sabíamos que Vox y toda la caverna mediática se lanzarían a la yugular de los responsables en gestionar la crisis.

Arrimadas: ¿Sabíais que iba a estallar una crisis antes de que sucediera? Podíais haber compartido vuestra profecía.

Iglesias: No seas ilusa, Inés; no te pega. Siempre hay y habrá una crisis: objetivas y subjetivas, ajenas a nuestro concurso y provocadas por la incompetencia de quienes nos rodean. Antes lo has dicho muy bien: esto no es Suecia ni Dinamarca; esto es España, lo que quiere decir que en momentos de debilidad e incertidumbre es cuando el acoso de los chacales se vuelve más rastrero y voraz. El PSOE pagará la factura de la pandemia, y en parte lo hará soportando las críticas a nuestra costa. ¿No son maravillosas las políticas de coalición, amigos míos?

Sánchez: No es lo que dicen las encuestas.

Iglesias: ¿Las mismas encuestas que los dos hemos ayudado a cocinar? No me jodas, Pedro. Aunque mañana aparecieras con una vacuna bajo el brazo, Casado, Abascal, Gabi y los catalanes, hasta Esteban y los vascos, todos se te tirarán a la yugular, dispuestos a despellejarte para los restos de tu carrera política, e incluso para la historia que antes ha mencionado alguien.

Abascal: Me lo imagino en la cama poniéndose así de épico. ¡Por eso le salen luego los niños a pares! ¡Cariño, voy a despellejarme para los restos, e incluso para la historia, mientras te la clavo doblada!

Arrimadas: Iglesias, confiesa. ¿Cuántas veces has visto las ocho temporadas de *Juego de Tronos*?

Abascal: Y lo más importante, ¿eres capaz de verlas sin tocarte, picarón?

Casado: *Game of Thrones*, Inés, que nuestro vicepresidente es políglota y de Carabanchel, como Santiago Segura en El *día de la bestia*.

Sánchez: Te veo muy puesto en cine fantástico patrio para ser un joven liberal conservador del barrio de Salamanca.

Iglesias: ¿¡Me dejáis hablar!? [Risas refrenadas]. Sois unos críos. ¿Por dónde iba?

Sánchez: Veintitantos mil muertos y doscientos mil infectados son una oportunidad.

Iglesias: Eso, una oportunidad. Porque nosotros somos los salvadores de una España que nos necesita, y difícilmente hubiéramos podido diseñar un escenario más catastrófico para que España nos necesitara y nosotros pudiéramos salvarla. ¿Lo entendéis? Es un simple cálculo de costes y oportunidades. Casado e Inés seguro que lo han pillado.

Arrimadas: ¿Y de qué se supone que vais a salvar a España? Si te retiras ahora, se me ocurre un problema menos, la verdad.

Sánchez: Ese razonamiento es extensible a todos nosotros.

Iglesias: ¡De todo! De la destrucción del Estado del Bienestar, de la influencia perniciosa de los medios de comunicación alborotadores, de la pobreza y el desempleo sistémicos, de la tiranía de los mercados y sus lacayos, caso de la Unión Europea o el Fondo Monetario Internacional; de la amenaza del fascismo, que es uno y muchos, visto por todos los rincones; de las costumbres y el lenguaje opresivo, la tiranía de género y el modelo *heterofaloibericopatriarcal* de familia; del miedo a la incertidumbre. Les salvaremos de todo y de todos, y por ello conquistaremos las mentes y los corazones de los españoles hasta que ya no les sea necesario verbalizar su adhesión a este proyecto común, que es de todos, y entre todos yo capitaneo, porque soy Neo el Elegido.

Abascal: ¿Qué proyecto común? ¿España?

Sánchez: ¿Unidas Podemos?

Iglesias: Tanto monta...

Abascal: Se te ha subido a la cabeza el *kalimotxo*.

Iglesias: ¿Y ese reproche me lo lanzas tú?

Abascal: No compares; a mí, con mantener a nuestros electores cabreados, denunciando a vuestro gobierno por incompetente y genocida a golpe de bulo, y con conseguir que la otra mitad de España se cabree más a base boutades [sonrisas amables], ya estoy servido.

Sánchez: Y con mantener contenta a la Madre Rusia, se te ha olvidado mencionar. Garzón, querido, sirve al embajador ruso un vodka doble, por favor.

Abascal: Ya quedamos la última vez que ese tema caía fuera de los límites del debate. Ninguno de los presentes quiere jugar con fuego, os lo aseguro.

Sánchez: Yo no recuerdo que dijéramos nada al respecto. ¿Alguien lo recuerda? A ver, Evaristo, saca las actas de la última sesión, ese libro maldito que sólo te ha comprado tu tía, la del pueblo.

Evaristo Ventosa: Mi tía falleció...

Abascal: Era mi turno de palabra, ¿no? ¡Pues cerráis al boca un ratito y me dejáis hablar!

Sánchez: Usted disculpe, camarada Abascal. Continúe.

Abascal: Se cree muy gracioso, aquí el señor presidente, que ha perdido el tacto en la lengua de tanto lamer culos para conseguir la investidura, por la que vendería a su madre.

Sánchez: Y aún me quedaba saliva para aprobar los Presupuesto Generales, pero con esta emergencia creo que podré ahorrarme mis últimos besos negros para cuando nos encontremos en los baños del Congreso. ¿Qué me dices, guapo? Es una oferta limitada.

Abascal: ¡Vete a la mierda!

Arrimadas: Creo que eso mismo es lo que te está proponiendo. [Risas]

Abascal: ¡Sois todos unos desviados! Menos tú, Aitor. Tú eres el único hombre recto que queda en esta sala.

Sánchez: Y por eso es el único recto de hombre que nuestro buen amigo Abascal aceptaría lamer.

Iglesias: Debe de ser algún tipo de parafilia extraña entre vascos, como lo de cortar tronco con la compulsión de un epiléptico menándosela en pleno ataque.

Esteban: La única parafilia que un verdadero vasco practica es la abstinencia.

Rufián: No existe mayor perversión sexual que la abstinencia, amigo Esteban.

Arrimadas: ¿Acabas de citar al marqués de Sade? ¡Joder, Rufián, los independentistas os apropiáis de todo: la democracia, los derechos humanos, las citas pedantes?

Sánchez: Creo que estamos otra vez desvariando. ¿Quién tenía el turno de palabra?

Abascal: ¡Yo, hasta que te has puesto a insinuar marranadas sin nombre!

Sánchez: ¡Joder, Santi, nombre tienen! Beso negro, anilingus, lengua de Nocilla, muerte por chocolate. Pero mejor sigue antes de que se te haga la boca agua y te ahogues en tus delirios subsaharianos.

Abascal: Decía que a nosotros cualquier incertidumbre, abismo o crisis nos beneficia, como partido bronca de patriotas profesionales que somos.

Casado: Eso también lo dijiste la última vez. ¿Tienes algo nuevo que aportar, o vas a repetir continuamente las mismas tonterías? Lo digo, porque si no, prefiero seguir con tu menú de preferencias, que antes estaba enunciando Sánchez: El chocolate Espeso de Medianoche, Fibra Salvaje, La última cena, Zurullo el Griego.

Abascal: No sé de qué estás hablando. La última vez no dije nada parecido.

Evaristo Ventosa: A lo largo de sus intervenciones, empleó esos mismos términos en alguna ocasión,

como cuando dijo: «Nosotros nos hemos convertido en patriotas profesionales, y lo peor que podría suceder es que vosotros recularais», en alusión al independentismo catalán y a don Gabriel Rufián, o que «el patriotismo se normalizara y nos volviéramos prescindibles». Fin de la cita.

Sánchez: ¡Chúpate esa! ¡En toda la cara! ¡Espeso y con grumos, como el Cola Cao!

Abascal: Gilipollas.

Casado: Vamos, Santi, suéltanos la parrafada que traías aprendida de casa y pasemos al siguiente.

Abascal: No quiero hablar.

Esteban: ¿Estáis contentos? Ya habéis cabreado al pobre Santi. Ahora cogerá un avión y se volverá enfurruñado a Madrid para encabezar el golpe de Estado.

Sánchez: Vamos, Santi, no des un golpe de Estado y cuéntanos esas cosas tan interesantes que tu maestra de educación especial te ha ayudado a preparar en casa.

Casado: Joder, Pedro, no lo piques más o va a estar toda la noche de morros, y no quiero imaginar que se le corra el pintalabios.

Abascal: No pienso decir una sola palabra más. Seguid con vuestras cosas mientras voy al bar. Paso de vosotros.

Casado: ¡No hagas eso! ¡No te vayas! ¡Vamos, Santi! Inés, dile tú algo, que a ti te hará caso.

Arrimadas: Señor Abascal, vuelva aquí y le explicaré con una presentación en Power Point de qué color es el caballo blanco de Santiago.

Abascal: ¡Ya sé de qué color es mi caballo, señora! [Gritando desde el bar]

Arrimadas: ¿Está bromeando o lo dice en serio? [En voz baja a los líderes políticos que la rodean].

Garzón: Si quieren, yo puedo interpretar las intenciones del señor Abascal y plantear cuál es su percepción de esta crisis, atendiendo a las insinuaciones que ha ido deslizando.

Arrimadas: Tu chico sabe hablar y todo. [Dirigiéndose a Pablo Iglesias, pendiente del teléfono móvil].

Garzón: A la dirección de Vox no le queda otro recurso que mantener un tono hostil y bronco con el triple efecto de arengar a sus partidarios, denostar a sus rivales y acostumbrar al conjunto a esos usos hiperbólicos que dañan la credibilidad de las instituciones, los medios y canales de comunicación, los representantes electos y cualquier otro pilar de una sociedad abierta.

Iglesias: ¿Acabas de citar a Popper?

Arrimadas: ¡Calla, no le interrumpas! Sigue, Alberto, hijo.

Garzón: La estrategia de Vox consiste en mantener una crispación constante, porque en ausencia de ese frentismo, todo lo que les queda es renuncia. Por eso, esta crisis no es sino una oportunidad, como ocurre con otras formaciones populistas en el amplio crisol que abarca las supuestas izquierdas y derechas, con sus extremos en los anacronismos aún más baladíes de comunismo y fascismo.

Iglesias: Espera, ¿me acabas de llamar populista?

Casado: ¡Qué cansino eres, Iglesias! Cállate un ratito y deja que el muchacho se exprese. Vamos, Alberto, sigue que te escuchamos. Lo estás haciendo muy bien.

Iglesias: Un momento, ¿esta gente por qué no deja de tratarte como si fueras un crío?

Esteban: Albertito, muchacho, sigue, no hagas caso a la bruja mala de Galapagar. Nosotros te escuchamos.

Garzón: Las formaciones populistas de corte sectario fabrican una realidad al margen de la realidad, como antes ha explicado el propio Santiago Abascal, de tal forma que cualquier ataque contra la legitimidad y credibilidad de sus falacias se vuelve un argumento que descalifica como falaz a la misma denuncia y a su denunciante. Ese *deus ex machina* vuelve impracticable todo debate crítico, de ahí la ausencia de estrategias constructivas.

Sánchez: Lo que se conoce en términos técnicos como: «rebota, rebota y en tu culo explota».

Arrimadas: Creo que era «en tu cara», pero esta noche os veo muy centrados en esa otra área anatómica.

Garzón: La naturaleza sectaria de una formación forjada desde el fundamento de la alienación de sus miembros se vuelve urdimbre de una sociabilidad compartida e identidad de grupo mucho más sólida cuanto más violenta es la réplica a sus falsedades. Pero es en momentos de incertidumbre, como la crisis sanitaria, social, política e institucional que estamos atravesando, cuando esos mecanismos actúan de forma más eficiente, provocando en un gran número de sujetos extraños al grupo cohesionado una admiración por la red de seguridad que las certidumbres embaucadoras ofrecen a sus sistemas de pensamiento, marcos ideológicos en apariencia incontestables e irrebatibles.

Iglesias: ¡Ajá! ¡*J'accuse*, vil traidor! ¡Usted no es Alberto Garzón, coordinador federal de Izquierda Unida y ministro de Consumo del gobierno de España! ¡Usted es...! [Pablo Iglesias se apresta a arrancar el bigote y la barba postizos del impostor, descubriendo su verdadera identidad]. ¡Íñigo Errejón, presidente de Más País desaparecido de la escena política, y presuntamente entregado como tentempié a los leones de las Cortes!

Casado: Pues claro que es Errejón. ¿Estás ciego o borracho? Todos nos hemos dado cuenta al entrar.

Iglesias: ¿Tú también, Rufián?

Rufián: Yo llevo varias semanas consumiendo grandes dosis de opiáceos y barbitúricos, con lo cual, tal vez, se me haya podido pasar la evidencia.

Iglesias: ¿Y usted, don Evaristo Ventosa?

Evaristo Ventosa: Si he de serle sincero, no sé muy bien qué aspecto tiene Alberto Garzón, pero al ver todas las chapas en la solapa de su chaqueta, con la bandera republicana, la hoz y el martillo, el puño morado, la V de Vendetta y demás, he pensado que sería uno de los suyos; sí, ¿por qué no?

Iglesias: Me niego a participar en esta tertulia, mientras Errejón siga con nosotros. ¡Exijo su destierro!

Sánchez: Deberíamos someterlo a votación; sería lo más convenientemente democrático.

Iglesias: ¡A la mierda la democracia! Si digo que se vaya, se va... ¡y punto!

Abascal: Yo voto por que se quede. [El caudillo de Vox, de vuelta al corrillo de tumbonas con una cerveza y una bolsa de patatas fritas, extiende el brazo y la mano derecha, gesto que los demás líderes políticos secundan]. Aprobada la moción. Errejón se queda.

Casado: Pero, que se gane su sitio y siga llenando nuestras copas, porque otro papel no le veo.

Sánchez: Eso, por supuesto. Entonces, Iglesias, ¿te vas y nos dejas seguir?

Iglesias: ¡Qué más te gustaría! Me quedo, pero con una condición: que no se pronuncie el nombre del traidor esta noche. A todos los efectos, seguiremos llamándole Alberto Garzón, ministro de Consumo.

Abascal: Por mí como si quieres llamarle Maruja y ponerle un delantal.

Arrimadas: Santi, ¿no te cansas de ser un capullo repelente? Resulta agotador.

Abascal: Ya has oído al chaval: ¿si no soy un capullo repelente, qué me queda?

Arrimadas: Ahí tienes razón. Brindo por los capullos repelentes que saben cuál es su lugar.

Abascal: A tu salud, morritos.

Evaristo Ventosa: Tengo la sensación de que, en los últimos meses, se han vuelto ustedes más caprichosos, egocéntricos, despóticos, coléricos y gilipollas de lo que nunca han sido. ¿No sé si comparten esta evaluación?

Sánchez: ¿Cómo nos acabas de llamar?

Evaristo Ventosa: Gilipollas, señor presidente del gobierno, ¡les acabo de llamar a todos ustedes

auténticos gilipollas integrales! ¡Me han incitado a vulnerar el confinamiento, arriesgando mi salud y la de otras personas, al mismo tiempo que quebranto la ley! ¡Han exigido que arrende un hotel completo de cinco estrellas, cuyo alquiler me ha forzado a ampliar la hipoteca sobre mi casa! ¡Me las he visto y deseado durante las últimas semanas para conseguir suficiente alcohol como para emborrachar a la población residente en Birmingham! ¡Y todo lo he hecho entregado a la búsqueda de la verdad en los momentos más angustiosos que ha vivido esta nación en el último medio siglo, creando un vergel de anonimato donde puedan explorar, como líderes de nuestro país, las condiciones, efectos y repercusión de esta aterradora pandemia en todos los escenarios posibles! ¡Y ustedes, putos gilipollas narcisistas, estómagos agradecidos, sociópatas adictos a la cirugía electoral que infla sus egos de mierda; ustedes llevan una hora bebiendo como vikingos, cachondeándose sin gracia del vecino y eludiendo mis preguntas! Así que, se lo ruego, desde el borde del precipicio donde el ninguneo a mi persona y profesión se halla en este momento, ¿podrían responder, aunque fuera peregrinamente, a mis putas preguntas... por favor?

Casado: Claro, hombre. ¿Y cuál era tu pregunta? [Estallido de hilaridad, carcajadas hirientes y metralla de cacahuetes y patatas fritas lanzada por alguno de los contertulios en un cruce de réplicas en forma de aperitivos].

Sánchez: Creo que Evaristo necesitaba desahogarse. ¿Ya está Evaristo? ¿Te encuentras mejor?

Arrimadas: No sé quién se cree usted para hablarnos así, pero ya le digo que no voy a aceptar lecciones ni exabruptos de un cantamañanas que no tiene cargo ni cobra sueldo de partido alguno. ¿Quién se ha creído usted para insultarnos de ese modo? ¿Cómo se atreve a hablarnos como si fuéramos sus iguales? Recuerde cuál es su posición, plebeyo.

Abascal: Ya lo decía antes; ¡hay que ver cómo está el servicio! Lo próximo será que los electores nos pidan responsabilidades. La chusma no conoce su lugar.

Sánchez: No es necesario insultar, amigo Abascal. El señor Ventosa, como tantos otros ciudadanos durante el confinamiento, ha tenido un arrebato de desprecio desmedido hacia sus superiores, líderes de este país; pero, al igual que los cuarenta y tantos millones de españoles bajo nuestros culos, estoy convencido de que el señor Ventosa entiende cuál es su lugar, y comprende tan bien como cualquiera que tal vez no nos deba respeto, pero sí obediencia, porque está claro que el señor Ventosa y el populacho que representa no son capaces ni están dispuestos a dar el paso decisivo y asumir las responsabilidades de sus actos. Así que, en nombre propio y de mis colegas, aceptamos las disculpas de nuestro buen anfitrión, ¿no es así?

Iglesias: Acepto sus disculpas, porque, como populistas que somos, nos debemos al escrutinio mal encarado del pueblo, pero coincido con Inés en la importancia de que el señor Ventosa sepa cuál es su lugar, y doble el lomo ante las personas que le representan, y que en estos días aciagos somos la única esperanza, como superiores intelectuales y hombres y mujeres de determinación.

Rufián: Evaristo, tú a callar y a tomar notas, y cuando te demos permiso para abrir la boca ya te diremos lo que tienes que decir... Perro malo, cierra la boca.

Esteban: Tienen muy mal domesticada a su gente. Esto en Euskadi no pasa. Cuánta razón tenía el profeta Sabino Arana: son todos ustedes paganos de temple afeminado, voz chillona y pandereta.

Sánchez: Es inútil alargar estas reprimendas. Ha quedado claro que Evaristo se arrepiente. Casado, guapo, cuéntanos qué tal llevas la crisis del coronavirus.

Casado: Como habéis dicho antes, implica sus pros y sus contras. Por un lado, tengo a Iglesias y a Sánchez dando por culo con la humillación de someterme a unos pactos de Estado, tren al que no ha tardado en sumarse Inés, quien por otra parte no tenía muchas más opciones. Parece que no han pasado estos meses, y sigo con los mismos quebraderos de cabeza: Abascal me adelanta por la extrema derecha, y en mi partido tengo a momias como Aznar tratando de manejarme como si fuera un títere. Si por mí fuera, habría colgado al presidente sin mediar palabra.

Iglesias: ¿A cuál: a Sánchez o a Aznar?

Abascal: ¿De un árbol o de un puente?

Casado: A los dos. No, me refería a colgarle el teléfono a Pedro, como hizo Abascal.

Abascal: Eso sólo fue...

Todos: [a coro] ¡Una boutade!

Abascal: Iros a la mierda. [Entre risas]

Casado: En serio; si fuera por mí, los mandaba a todos a la mierda, me subía a un cajón de frutas en mitad del mercado y me ponía a perorar sobre el fin del mundo, como el capullo de Abascal, pero los Botín y compañía nos quieren serenos y juiciosos, que para payasos ya están Vox y sus banderitas.

Abascal: Nos insultas desde la envidia.

Casado: ¡Coño, claro! ¡Lo cómodo que sería instalarse en la descalificación gratuita todo el santo día, e ir pegando tiros por ahí como Ortega Smith! Pero a nosotros nos toca interpretar el papel más institucional y sereno, lo que, en plena crisis, dudo que nos reporte beneficio alguno.

Sánchez: Ahí te equivocas; mira las encuestas.

Arrimadas: Señor presidente, cuídese mucho de no acabar deslumbrado por sus propias mentiras.

Casado: Tienes más fe en las encuestas para combatir esta crisis que los españoles en el acopio de papel de váter, y al final una cosa y otra sólo sirven para limpiarse el culo.

Sánchez: Creo que os equivocáis. No niego que Tezanos sea un militante estadístico fiel a los colores del partido, pero las evidencias están ahí. Esta crisis sin precedentes reforzará el bipartismo; hacedme caso.

Iglesias: ¿En qué te basas para concluir tamaña estupidez?

Sánchez: Podemos ha agotado la vía tumultuosa, festiva y asamblearia a la revolución, y todo cuanto ha dejado a su paso, además de un reguero de decepciones y críticas, es un identitarismo de género, talibán y bilioso, que nosotros sabremos moderar, ofreciendo una versión matizada y conservadora con la que todos podamos vivir sin rasgarnos las vestiduras. Santi y sus falangistas de medio pelo están alcanzando su techo de cristal, por mucho que pregonen lo contrario, y todo cuanto les queda es ahogarse con la bilis de sus bulos y desplantes, y cuando el cadáver empiece a apestar, los analfabetos políticos que les siguen volverán al redil del PP de Casado. Lo único que puede mantener viva a Arrimadas es la beligerancia del órdago independentista, y estoy convencido de que, a poco que le demos a Cataluña un paquete de ventajas fiscales y suficiente autogobierno para ruborizar a los cantones suizos, el pulso en las calles de Barcelona se diluirá, y nos apuntaremos como un tanto la vergonzosa solución federal. Estamos en el buen camino.

Rufián: En tus sueños.

Sánchez: Espera y verás. Los seis millones de desempleados os dieron voz ante un modelo de representación política estragado por la corrupción, la comodidad y la obsolescencia de sus cuadros. Los próximos seis millones que se esperan nos devolverán el poder, y el votante regresará a nuestro regazo como el hijo díscolo que trató de marcharse de casa, y a los dos meses vuelve con el rabo entre las piernas a disfrutar de su cuarto adolescente, que ya no parece tan estrecho, ni las normas paternas tan severas y represoras. Fijaos en lo que os digo: no sólo volverá el bipartidismo, sino que regresará como un flagelo que haría correrse de orgullo al mismísimo Cánovas.

Iglesias: No te pongas muy elevado, que Santi se nos pierde en el marasmo de la historia.

Abascal: ¿Pero tú eres imbécil, Iglesias? Si lo único que leo son libros de Historia de España. Tú pregúntame sobre política, economía, instituciones del Estado, relaciones internacionales, educación, sanidad o lo que sea, y ya te digo que no tengo ni puta idea de nada; pero la lista de los reyes godos, de Ataúlfo a Rodrigo... ¡Ríete tú de *Saber y Ganar*! ¡Estoy para ir a *Boom*!

Iglesias: Para que te estalle una bomba estás, desde luego.

Abascal: A mí de Historia de España hasta los Reyes Católicos no se me escapa un solo nombre. ¿El Cánovas ese qué era, Borgoña o Trastámara?

Esteban: Ministro de Consumo, guapo, explícale a nuestro amigo Abascal quién fue Antonio Cánovas.

Ministro de Consumo: Antonio Cánovas fue el arquitecto de la Restauración monárquica en la España posterior a la Primera República...

Abascal: ¡Mira, Errejón, no me toques los huevos que de un sopapo te pongo la cara del revés!

Iglesias: ¡Te he dicho que no lo llames Errejón! Garzón o ministro de Consumo, como prefieras.

Arrimadas: Iglesias, no conocía este lado psicótico tuyo.

Sánchez: Si yo te contara.

Casado: Mejor pasamos a otro asunto. Evaristo, recupera tu papel de moderador juicioso.

Esteban: Antes de proseguir, un apunte. Lo que ha dicho el señor presidente solo ocurrirá con el permiso del nacionalismo vasco, que quede claro. Si aquí hay o deja de haber bipartidismo es porque nosotros lo consentimos, y si no ya sabéis cuál es la alternativa.

Arrimadas: ¿El tiro en la nuca?

Abascal: Eso como poco.

Rufián: Con el permiso de los vascos, y con el pataleo de los catalanes, que también quede claro. Porque, al final, los catalanes debemos conseguir lo que queramos, o de otra forma aquí no hay gobierno.

Sánchez: Menos lobos, Caperucita.

Rufián: El hambre por la independencia de la República de Catalunya no la mitiga un resfriado. Es más, la maquinaría propagandística no tardará en ponerse en marcha, y en cuanto desaparezcan los centenares de cadáveres de las portadas de los periódicos, volveremos a dar por culo, y *ho tornarem a fer*, ¡ostia si lo volveremos a hacer!

Sánchez: No si antes Iglesias y yo aprovechamos nuestros poderes especiales para federalizar este país y empezar a desmontarlo por piezas. Derrotaremos al independentismo ahogándolo en su propio éxito. Pide por esa boquita, y cuanto más te dé, menos te quedará por pedir.

Arrimadas: Eso es una estupidez.

Sánchez: Ya veremos. En cualquier caso, Inés, poco han de preocuparte estos asuntos. Para cuando nos azote con fuerza la crisis, hemos quedado que tú ya serás la próxima Rosa Díez de la política española.

Iglesias: Un golpe bajo; certero, pero bajo.

Arrimadas: Que os den por culo.

Abascal: Al escucharla, señora Arrimadas, se me cae un mito a los pies. De verdad se lo digo.

Casado: Y con el mito, se desvanece todo el material de refuerzo que te ayuda a mantener las erecciones.

Sánchez: ¡Evaristo, se te va otra vez de las manos la entrevista! Y te recuerdo que este sarao lo pagas de tu bolsillo, así que tú verás. ¡Vamos, Evaristo! ¡Espabila!

Evaristo Ventosa: La verdad, no sé por dónde continuar... Me dan miedo sus posibles respuestas, pero quería preguntarles por la crisis económica que se avecina. A los estragos del Estado de Alarma, sobre todo en sectores esenciales de nuestro tejido productivo como el turismo o la hostelería, se suman fenómenos como el endeudamiento, el déficit de las administraciones, la contracción de los mercados internacionales. ¿Cómo vislumbran el panorama económico para los próximos años? ¿Qué medidas creen que deberíamos adoptar? ¿Es posible alguna forma de consenso entre los partidos políticos que representan para impulsar la recuperación económica y mitigar los efectos sociales de la crisis?

Abascal: Ya estamos otra vez con el consenso. ¡Qué cansino eres, Evaristo! ¡De verdad! Además, no quedó claro la última vez que nosotros no tenemos ni puta idea de economía. Nos preguntas con inquina. Empiezo a creer que tu objetivo es resaltar nuestros pequeños defectos.

Rufián: No tenemos ni puta idea, ni ganas de rompernos los cuernos con esas memeces. Ya lo hemos dicho antes; de eso que se encarguen los técnicos, como del coronavirus.

Casado: Ahora contamos con un economista en la figura del señor ministro de Consumo. Tal vez él nos podría iluminar sobre este espinoso tema.

Sánchez: ¿¡Cómo que ahora tenemos un economista!? ¿¡Y yo qué te crees que soy, Pippi Calzaslargas!?

Casado: Ya, hombre; quería decir, un economista de verdad, no alguien a quien le vendieron el título con el descuento de militante del PSOE.

Sánchez: No querrás que entremos de nuevo en esa discusión, porque ninguno saldrá bien parado.

Rufián: Yo no quiero aguantar ahora un coñazo de conferencia sobre números. ¿Cuándo vamos a hablar de Catalunya? Yo he venido a hablar aquí de mi libro. Monedero dijo de él que era como un *tweet* largo y que...

Abascal: Además, ¿nos va a explicar la deriva de nuestra economía un *rojo* nostálgico de los planes quinquenales de Stalin y el régimen bolivariano? No me jodas.

Arrimadas: ¿Un *rojo*? ¿Dónde has visto tú aquí un *rojo*?

Abascal: Coño, pues ahí enfrente, sentados a tu lado: Iglesias y el ministro de Consumo.

Arrimadas: Esos dos tienes de *rojos* lo que Sánchez de astronauta: una foto de Pedro Duque en el consejo de ministros. Si Iglesias y Errejón...

Iglesias: ¡Garzón!

Arrimadas: Lo que sea... Si Iglesias y el ministro de Consumo fueran un par de *rojos*, entonces sí que afrontaríamos problemas serios; ahí, Ortega Smith y tú tendríais que desempolvar el uniforme de Falange, y que Casado y Sánchez os extendieran un talón en pago por tanto *paseillo* que os tocaría conducir. Pero en tanto Iglesias y... y el ministro de Consumo no son más que unos capullos posmodernos, podemos estar tranquilos mientras lustran a escupitajos la bota del capitalismo sobre el cuello del obrero. Hazme caso, sé lo que me digo.

Ministro de Consumo: Creo que acabo de tener una erección espontánea al escuchar a la señora Arrimadas.

Sánchez: ¡Por el amor de Dios! Saca ahora mismo la mano de ahí y ve a limpiarte al cuarto de baño.

Casado: Espera, espera. Antes explícanos cómo funciona la economía de libre mercado y qué problemas tiene el sistema productivo en España.

Sánchez: ¿Con esa mancha en el pantalón?

Casado: Así tendremos distraídos a Rufián y Abascal; niños, fijaos en la mancha del camarero mientras los adultos atienden a su explicación. Vamos, ministro de Consumo. Empieza a hablar, y ya verás como la tienda de campaña entre tus piernas baja poco a poco.

Ministro de Consumo: Está bien. Veamos... El principal problema de nuestro modelo económico es que siempre hemos sido dependientes de un sector que impulsa el crecimiento y empuja al resto del aparato de producción y consumo; si ese sector alcanza su techo de cristal, o bien si surge cualquier incertidumbre, como ahora, el resto del sistema económico se hunde por la falta de diversificación en actividades punteras, la ausencia de bases estratégicas en sectores imprescindibles y la nula inversión en el futuro a través de la investigación, el desarrollo y la innovación.

Abascal: I+D+I.

Sánchez: Muy bien, Santi. Te has ganado una estrellita. Al final de la clase, Evaristo te la pega en la solapa de la chaqueta, junto a la bandera de España.

Iglesias: No se merece una estrellita hasta que calle la boca y se duerma la siesta.

Casado: No hagas caso, Santi. Ya te pongo yo la estrellita, no te preocupes.

Abascal: ¡Qué os den por saco! La bandera de mi patria es la única estrellita que necesito.

Arrimadas: Sólo pensar que a este tío le han votado dos millones de electores más que a mí me hace perder cualquier fe en la democracia. Tal vez deba enviarle, yo también, una carta de amor a Putin para que me convierta en uno de sus Steve Bannon's Boys, o *girl* en este caso.

Rufián: Si Abascal tiene una condecoración, yo también quiero. No puede ser que dejéis atrás a Catalunya, ninguneada mientras se reparten estrellitas.

Sánchez: Vale, estrellitas para todos.

Casado: Ya está el social liberal, cargándose la cultura del esfuerzo con la política de «Estrellitas para todos».

Arrimadas: ¿Podemos seguir con el informe económico, por favor? Evaristo, no sé cómo fue usted capaz de moderar una tertulia previa a ésta, y más sin contar conmigo.

Evaristo Ventosa: He de reconocer que, en aquella ocasión, sus colegas se mostraron un poco más dialogantes y constructivos; sólo un poco. Supongo que era tiempo de elecciones.

Sánchez: A ver, ministro de Consumo, sigue ilustrando a estos catetos sobre los dilemas de la economía española para el nuevo siglo. Yo te sirvo de apuntador, por si te pierdes con cualquier detalle técnico.

Ministro de Consumo: En realidad, los problemas de nuestra economía se fraguaron, como mínimo, en el siglo anterior. El franquismo estableció, en sus diferentes etapas, algunos de los vicios estructurales de la economía española actual, que se sumaron a las agudas desigualdades territoriales de herencia pretérita, así como al eco futuro que el insoslayable crecimiento de la generación del *baby boom* estaba llamado a tener.

Abascal: Y otra vez con la guerra del abuelo. Vosotros, los *rojos*, cuando no tenéis más argumentos recurrís a la Guerra Civil y el gobierno del general Franco como solución a todos los dilemas, manipulando a la opinión pública con vuestro discurso sensiblero de libertades y derechos humanos, ¡cómo si el comunismo no fuera responsable de sembrar las *checas* y cunetas con los cadáveres de sacerdotes y monjas, mártires de la gran Cruzada!

Iglesias: ¿Quién recurre ahora a la guerra del abuelo? ¿Vas a darme lecciones de coherencia frente a la manipulación en el discurso? ¿Precisamente tú?

Arrimadas: Ninguno de los dos está en condiciones de leerle la cartilla a nadie.

Casado: Ninguno de nosotros. No te equivoques, guapa; aquí, quien más y quien menos, se coge a cualquier clavo ardiendo para salir bien parado en las redes sociales, en una entrevista o en un debate.

Sánchez: ¿Queréis dejar que el muchacho se explique? Con tantas interrupciones, no vamos a terminar nunca. A ver, ministro de Consumo, ¿por qué no aligeras con tu clase magistral? Hablabas de los problemas económicos herencia del franquismo. ¿Vale? Se lo resumo a los compañeros porque, al no ser economistas como nosotros, no lo entenderán: Franco se cargó la economía; Franco malo. Ya puedes seguir, ministro de Consumo.

Ministro de Consumo: Eh... Entre los vicios que el franquismo nos legó destaca una mayor especialización regional, en el marco de una economía autárquica que pretendía limitar la competencia en el país y mantener abastecida a la sociedad de bienes básicos, lo que minó la capacidad de ciertas regiones para hallar alternativas al modelo económico priorizado como esencial durante el franquismo. Tal fue el caso del interior agrario, donde no hubo inversiones en infraestructuras, que se concentraron en las zonas industrializadas y turísticas, como Barcelona, la Manga del Mar Menor o los archipiélagos.

Rufián: ¡Eh! ¿¡Qué coño estás diciendo!? ¿¡Te atreves a insinuar que el franquismo favoreció a Catalunya!? ¿¡Has perdido el juicio!? ¡Catalunya sufrió bajo el yugo del franquismo el mayor recorte a su soberanía y una vulneración sistemática y continuada de los derechos civiles, además de una represión de sus signos de identidad, como por ejemplo la lengua y la alta cultura!

Ministro de Consumo: Es cierto, pero mientras tanto, en el interior de Andalucía, las dos Castillas y Extremadura, se morían de hambre sin una carretera, una escuela o un hospital. No pretendo erigirme en juez del sufrimiento, pero si me dieran a escoger entre renunciar al uso libre y público de mi lengua y no tener comida en la mesa o un médico que me atienda cuando enfermo, seguramente escogería el menor de los males. Pero, repito, no quiero con esta reflexión justificar en modo alguno la dictadura.

Rufián: ¿¡Y cuál es el menor de los males, según tu puto criterio de mierda!?

Ministro de Consumo: ¿Necesita usted realmente que responda a esa pregunta?

Arrimadas: ¡No, hombre! Tú sigue con lo tuyo. No ves que es un converso. Pobrecito.

Ministro de Consumo: Bueno, pues... El fascismo en España disparó el gasto del Estado, instaurando una cultura de empresas públicas deficitarias y clientelares que ha llegado hasta nuestros días. Protegió la producción nacional, aislándola de los mercados competitivos exteriores, lo que supondría su debacle durante la fase de reconversión. Pero, lo más importante: volvió a la gran industria española dependiente de capitales extranjeros, favoreciendo un modelo de pequeñas y medianas empresas con severas carencias competitivas; y, por supuesto, apostó el tejido productivo español a una carta, la del turismo, terciarizando la economía nacional.

Sánchez: ¿Y eso, por qué es un problema? El turismo nos ha sacado de la crisis, ¿no? Joder, si en España no tuviéramos turismo aún andaríamos en taparrabos, cazando bisontes y durmiendo en cuevas.

Ministro de Economía: No sé qué imagen tiene de España antes de 1960, pero... Contestando a su pregunta: es un problema, en primer lugar, porque vuelve nuestra economía dependiente de terceros países, y además incide en la precarización del tejido laboral ya que vendemos un turismo competitivo, de precios bajos, sol y playa, que no requiere una elevada cualificación y que nos lega un panorama de trabajadores con enormes dificultades para adaptarse a cambios en las tendencias productivas de una economía globalizada. De hecho, esa es la mayor traba de todas: al no invertir en Investigación, Desarrollo e Innovación, y al poner todos los huevos en una misma cesta, la de un sector inflado de manera artificiosa por un tejido laboral precario o precios alterados por la especulación bancaria, como ocurrió con el ladrillo, estamos siempre pendientes de la próxima recesión.

Casado: No veo cuál es el problema.

Ministro de Consumo: El problema es que tenemos un paro estructural que no desciende de una cifra entre millón y medio y dos millones y medio de desempleados; el problema es que hemos renunciado a la vertebración productiva del interior de España; el problema es que contamos con una economía estacional fundada en el turismo, dependiente del crecimiento o contracción de otras economías ajenas.

Sánchez: Como cualquier país en un espacio globalizado. ¿O acaso piensas que si un portugués no tiene trabajo seguirá comprando coches alemanes?

Ministro de Consumo: No, pero entre prescindir de sus vacaciones y renunciar al consumo de bienes de equipo, el turismo sale peor parado. Esta crisis sanitaria está subrayando las carencias de determinadas economías, como la nuestra, que no han sabido diversificar el empleo en el marco de un tejido productivo fundado en distintos sectores estratégicos, entre los que han de contarse actividades clave, de carácter indispensable, como la producción farmacológica o sanitaria, una industria pesada y de bienes de equipo competitiva, nuevas tecnologías de la comunicación, transportes, energías renovables. En España tendemos, como he dicho antes, a poner todos los huevos en la misma cesta, y por si ese no fuera un error suficientemente mayúsculo, nos olvidamos invertir en investigación, única alternativa a la caducidad de las actividades económicas.

Sánchez: Ese discurso lo he escuchado mil veces, y yo mismo lo habré repetido otro millar en actos de campaña y salmodias similares. No son más que palabras: queremos invertir en el talento de nuestros jóvenes, hay que prepararse para el futuro, debemos fortalecer la innovación tecnológica. Cuando llegas a la Moncloa solo te preocupa gestionar la herencia recibida, y proponer cuatro chorradas para que los estómagos agradecidos se sepan vencedores en esta reedición democrática de la Guerra Civil, donde leyes como las de educación no dejan de cambiar según el bando que celebra su victoria. Tal vez estamos jodidos, pero no sirve de nada lloriquear por eso.

Ministro de Consumo: Cuanto menos serviría para evitar un endeudamiento nacional irresponsable. Los gobiernos de Zapatero, Rajoy, y ahora el suyo, no han dejado de emitir deuda soberana que cargan a la espalda de una economía maltrecha, negándole cualquier capacidad de reacción. Entre los años 2007 y 2020 hemos asumido una morosidad de más de setecientos mil millones de euros, y ¿para qué? ¿Cuál fue el milagro económico que compramos con ese dinero? Si al menos los autoproclamados *keynesianos* hubieran leído a Keynes, en vez de despilfarrar los recursos en actividades que redundaban en los vicios heredados, y con el horizonte en un plazo inmediato, tal vez hubiéramos construido los pilares de una economía social para el próximo siglo, y así la deuda tendría una razón de ser, como ocurrió en Alemania.

Casado: Nos endeudamos para pagar las facturas. Descendió el número de trabajadores y empresas cotizando a la Seguridad Social, al tiempo que aumentaban las prestaciones, por lo que no había otra solución si no se quería cerrar la persiana y declarar el país en bancarrota.

Iglesias: Sin olvidar el rescate multimillonario a los bancos. Con nosotros, serán personas las que encuentren ese salvavidas a su disposición, porque Pablo Iglesias es un hombre del Pueblo, de la gente, como todo el mundo sabe.

Ministro de Consumo: Pero ese rescate seguirá llegando en forma de deuda, señor Iglesias, a pesar de que las motivaciones puedan parecer más altruistas, y la morosidad lastra una economía sin posibilidad de despegue, porque no somos los Estados Unidos, un país dedicado a la producción y exportación de deuda como bien de consumo financiero, dentro y fuera de sus fronteras; y tampoco somos Alemania, con un Producto Interior Bruto sólido y unas cuentas estructuradas... Pero me temo que aún no hemos añadido lo peor a este panorama.

Esteban: ¡Coño! ¿¡Y qué es lo peor!?

Ministro de Consumo: La jubilación del *baby boom*. La generación más numerosas de la historia de España, los nacidos entre 1955 y 1975, han empezado a jubilarse de forma torrencial, y ese pico nos alcanzará justo en plena recesión motivada por los efectos de la crisis sanitaria y la incapacidad de las instituciones, del Estado y de los partidos políticos para prever una evidencia demográfica que nada sabe de colores o ideologías, y que está ahí, a la mano de cualquiera que se moleste en consultar las estadísticas y las pirámides de población.

Iglesias: Si aumentan las jubilaciones, se liberará empleo, lo que reducirá el impacto del paro en nuestra economía, favoreciendo que nuevos consumidores contribuyan al crecimiento; y sin nos pilla gobernando, mejor, que así podemos apuntarnos el tanto. Nuestros mayores han sostenido con sus pensiones a las familias en estos años de recesión. Los abuelos han sido, son y serán los auténticos héroes de este tiempo, y a los que sobrevivan al coronavirus deberíamos celebrarlos con un aplauso común en los balcones. ¿Qué hora queda libre para salir a aplaudir?

Abascal: Para aplaudir, y que no contraprograme ninguna cacerolada, no sea que se confundan las muestras de adhesión con las de desprecio y la liemos parda.

Iglesias: Deberíamos formalizar un horario de aplausos preceptivos y otro de abucheos catárticos, en plan *1984*, y así tener a la gente entretenida. Se me está ocurriendo que, si vamos a rescatar con la renta básica a unos y a sostener con las pensiones a otros, bien podríamos ponerlos en nómina como palmeros de balcones y azoteas.

Ministro de Consumo: Señor Iglesias, está usted hablando de subsidiar mediante las jubilaciones y rentas varias a casi una tercera parte de la población, lo que implica que el Estado deberá hacer frente al mayor reto financiero de su historia, y en el peor momento a causa de la deuda, por lo que el pago de las pensiones recaerá íntegro sobre el salario de los trabajadores, como prácticamente ocurre ahora, lo que supone aumentar los umbrales de cotización hasta extremos que empobrecerán a una generación de empleados con salarios mediocres, cuya naturaleza menguante dificulta cualquier proyecto de vida. No es que los trabajadores en activo se sacrifiquen por los jubilados que ya han realizado un esfuerzo pretérito y merecen un descanso, sino que el obrero prácticamente caerá en condiciones que rayan la esclavitud. Olvídense de la compra de vivienda, lo que provocará un aumento escalofriante del precio del alquiler, motivado además por el turismo; y por ello, vayan también despidiéndose de la emancipación y la fecundidad.

Sánchez: Exageraciones, «boutades» que diría el amigo Abascal. Europa nos salvará, como siempre. Pediremos a la Unión que cree instrumentos financieros capaces de sostener nuestro gasto.

Ministro de Consumo: Llegado el momento, países como Alemania o Francia encontrarán mucho más fácil desprenderse del lastre que suponen economías endeudadas y dependientes como España; o, visto de otra forma, si nos mantenemos cohesionados como Unión, ¿a cambio de qué será? ¿A qué deberemos renunciar en un horizonte de bancarrota pública, deuda descontrolada, Producto Interior Bruto en contracción, millones de jubilados alargando sus esperanzas de vida? ¿Renunciaremos a los servicios públicos, al pago de pensiones? La mayoría de economistas identifican un fortalecimiento de la intervención estatal en la economía fruto de las necesidades extraordinarias de financiación, pero los Estados hasta ahora no se han caracterizado por fomentar las actividades productivas sino, en el mejor de los casos, apenas por regularlas. ¿Cómo esperamos que contribuya el Estado? ¿Con deuda? ¿Y qué habremos de hipotecar esta vez: infraestructuras, patrimonio, educación, sanidad? Además, la deuda no puede eternizarse porque se ha convertido en un mecanismo de emisión de moneda, lo que obligará a recortar estímulos tarde o temprano, elevando los tipos de interés, es decir, ahogando con el fantasma de la inflación y la revisión de las hipotecas a las familias.

Iglesias: Memeces. Hablas por hablar.

Arrimadas: Yo me apunto al carro de los recortes, pero ya te digo que la sanidad es intocable, al menos por ahora.

Ministro de Consumo: Tal vez, pero este momento no es eterno, y más pronto que tarde la privatización de la sanidad y la educación podrían ponerse sobre la mesa como sacrificios validos para salvar las pensiones, o las pensiones renuncias para mantener la sanidad y la educación, o ambos como daños colaterales de una reestructuración del empleo y el tejido productivo, o ninguno de los supuestos previos y mantenemos los servicios y prestaciones en umbrales tan mediocres que harán palidecer de pánico a los pobres infelices abocados al uso de hospitales y escuelas públicas, o al cobro de prestaciones. Lo que ninguno parece entender es que el fantasma de la inflación, con un aumento insoslayable de los precios fruto de emisiones masivas en forma de deuda, por mucho que se estructure para evitar el impacto directo sobre el consumo; el fantasma de la inflación, decía, no será igual en España que en Alemania, donde nos doblan la renta per cápita, y esa evidencia tendrá su traslación en la calidad de nuestra vida mucho antes de lo que se espera.

Rufián: Eso, en una Catalunya independiente, no sucederá. Confiad en mí, que sé de lo que hablo.

Ministro de Consumo: Es posible, ya que una Cataluña independiente podría emplear la estrategia de su emancipación como medio para derivar la responsabilidad de su deuda en la España que abandona, y es cierto que una Cataluña independiente tendría un motor económico mucho más próspero sin lastres como la España interior abandonada a su suerte durante el franquismo. Pero una Cataluña independiente también será una Cataluña envejecida, y no cabe duda que la República perderá impulso comercial fruto de la reducción de su mercado interior, por mucho que algunos países europeos apoyen su independencia a fin de quitarse la rémora de un sur empobrecido. Sin embargo, yo no lanzaría las campanas al vuelo, porque si Alemania o Francia aceptan a una Cataluña independiente no será como socio en igualdad de condiciones, sino como satélite, razón por la que la República de las Sonrisas habrá de llevar a término una intensa reforma laboral, reducir el gasto en servicios y prestaciones y humillarse a las exigencias de sus socios centroeuropeos.

Rufián: Nada que no hayamos hecho o no estemos dispuestos a hacer. En tu ceguera, insistes en aportar argumentos lógicos, pero nosotros, como antes ha apuntado Santi, somos una religión, y la verdadera fe nada sabe de números para sus adeptos. ¿Te imaginas a los integristas islámicos presentando tablas Excel de muertos, tullidos y familias rotas en su guerra santa, o a la Iglesia católica componiendo gráficos barrados de pederastas desflorando esfínteres? No jodas, ministro de Consumo; la fe, moderna y posmoderna, se basa en sentimientos no en evidencias, y la nuestra es inquebrantable.

Ministro de Consumo: En ese caso, veremos fragmentarse España, con una Cataluña humillada en su independencia al dictado alemán y un País Vasco pseudofederado acorde a los posibles beneficios que los gobiernos de circunstancia le ofrezcan. El resto del país, o bien se someterá a la esclavitud dentro de la Unión Europea bajo un régimen de concentración social liberal, donde el PSOE y el PP aún gozarán de ascendente, o bien quedará inscrito como un Estado iliberal, democracia autoritaria o cualquier eufemismo gilipollas que alguien conciba, en el círculo de influencia de Rusia bajo la guía grotesca, procaz y desaforada de Vox u otro movimiento populista del mismo corte, mezclando a partes iguales grandes dosis de estupidez, demagogia, xenofobia y violencia, más o menos sutil.

Iglesias: ¿Y nosotros?

Ministro de Consumo: Nosotros deberíamos desaparecer para dejar espacio a una izquierda obrera, un socialismo que reforzara las políticas de creación de riqueza y asistencia social, un movimiento democrático y asambleario que educara en los principios de la participación responsable de la ciudadanía sin recurrir a eslóganes sentimentales ni retóricas idealistas, un partido político capaz de reconocer una España solidaria como un proyecto común y compartido por todos los españoles, negando por elitista, coercitivo y autoritario el independentismo con el que hemos coqueteado de forma tan cómoda. Deberíamos desaparecer para dejar nuestro lugar a otros más capaces, pero no lo haremos porque nos sabemos iluminados y nos creemos salvadores, porque hemos construido nuestra naturaleza en la miseria de ambiciones menudas con aspecto grandilocuente, y sobre todo porque no queremos admitir nuestros errores. No desapareceremos, y tampoco prevaleceremos, porque no sabemos convencer ni nos importa, porque la pedagogía es el último de nuestros fines y la soberbia una de esas cualidades innatas que de tanto maquillar ya no se reconoce en el espejo. Seguiremos, y a cada paso los problemas se agrandarán, hasta que la tentación autoritaria nos seduzca y se nos pase por la cabeza romper la baraja de la convivencia, que nunca nos preocupó, y mucho menos con los que no deberían existir, minando nuestra superioridad moral. Por todo ello, sobreviviremos, tal vez con otro nombre, distintas siglas, incluso nuevos rostros, pero iguales en esencia.

Iglesias: Tú no eres Errejón. Íñigo es un capullo egocéntrico, tanto o más iluminado que yo, y cortado por el mismo patrón sensiblero, oportunista y enfático. Íñigo nunca hablaría en esos términos de nosotros; es cierto que aparenta humildad, pero su gusto por la autocrítica es sólo eso, apariencia. ¿Quién eres tú?

Ministro de Consumo: No lo sé. ¿Quién quiere que sea? ¿Alberto Garzón, coordinador federal de Izquierda Unida y ministro de Consumo? Pues bien, ese soy y no otro.

Iglesias: No te creo.

Rufián: ¡Está mintiendo! ¿Coordinador federal de Izquierda Unida? ¿A quién trata de engañar? ¡Se lo ha inventado!

Izquierda Unida no existe. ¡Es un impostor, un infiltrado salido de entre la casta de los intocables!

Ministro de Consumo: Izquierda Unida es un movimiento social y político…

Sánchez: ¿Un movimiento social y político? ¿Qué es eso? Los partidos son partidos, como el PSOE, o el PP, o ERC. Creo que tenéis razón; se lo está inventando.

Abascal: ¿Y qué hay de lo otro, eso de que es ministro de Consumo? ¡Vamos! ¿Un Ministerio de Consumo? Suena a pantomima, a dislate, a farsa.

Esteban: Coño, Santi, parece que te has tragado un diccionario VOX. Pero Abascal tiene razón; ¿a quién se le ocurre que pueda existir un Ministerio de Consumo? Está claro que el tipo éste es un farsante.

Sánchez: Y todo lo que ha dicho no son más que patrañas, *fake news*, bulos con los que pretende amedrentar a los incautos, minar nuestra moral en tiempos de guerra. ¿No sabes que las fuerzas del orden persiguen a los depravados que difunden noticias negativas que alteran el ánimo de la población? ¡Advertido queda usted!

Iglesias: No sé quién es este tipo, pero no lo reconozco como uno de los míos, y tampoco como uno de los vuestros. ¿Sabéis lo que creo? ¿Creo que es un camarero que se ha colado en nuestra tertulia? Un desarrapado sin estudios ni influencia, que sirve copas y se cree con derecho para sermonearnos y pontificar. Aquí acaba tu arrogancia.

Casado: Tienes razón, tocayo. Un obrero sin cualificación, un elector sin sueldo del partido, un bocazas sin consignas preparadas. Un don nadie. ¡Don Nadie te llamaremos!

Sánchez: ¡Don Nadie, guarda silencio y cumple con tu trabajo! ¡Otra ronda para todos! ¡Y tú, Evaristo, no nos confundas con más preguntas sensacionalistas! ¡Busca en tu cuaderno de notas temas de interés donde nos podamos lucir, asuntos que despierten la riña y la polémica, excusas para que podamos sacarnos los ojos! ¡Lo que quieras, pero devuélvenos el protagonismo! ¡Vamos! ¿¡A qué esperas!?

Evaristo Ventosa: No sé muy bien... Eh... En estos días, se están lanzando iniciativas parlamentarias para conformar una Comisión de Reconstrucción nacional, una suerte de nuevos Pactos de la Moncloa... Seguramente, el tiempo, como siempre ocurre, dará respuesta a esta pregunta y título al periodo, pero ¿cómo prevén que se desarrollarán estas iniciativas? ¿Serán capaces de coincidir en puntos de conformidad? ¿Habrá un acuerdo de mínimos con el que salgan bien parados ante los medios, que no satisfaga a nadie pero todos encuentren necesario, o bien estallará la política española en mil pedazos que tal vez recompongamos o tal vez no? Qué piensan. En parte ya han dado respuesta, con su actitud dispersa, a estas preguntas, pero creo importante formular mis dudas, que son las de muchos españoles en este momento.

Abascal: Casado, tengo curiosidad por conocer tu respuesta, porque nuestra posición está clara y es fácil de sostener, pero vosotros sí que lo tenéis jodido.

Casado: Como se nota que no tienes a la patronal como si fuera Grande-Marlaska soltándote el aliento en el cuello. Las instrucciones están claras, y eso vuelve nuestro futuro más confuso, aunque suene raro.

Abascal: ¿Qué quieres decir?

Casado: No podemos ponernos de lado, como vosotros, blandiendo bulos y jugando a la descalificación irresponsable, porque vosotros sois los vocingleros, los alborotadores, la puta *alt-right* a la que se le consienten los excesos como reflejo de un hartazgo impostado e inmaduro, el hijo pródigo de la parábola; pero nosotros debemos dar la cara, y estar presentes, al margen del coste político, del desgaste que acusaremos, no me cabe duda. La patronal así nos lo ha ordenado: no podemos dejar en manos de Iglesias ningún acuerdo que haga peligrar las plusvalías, la iniciativa privada, el dominio del mercado.

Sánchez: No seréis tan necios como para pensar que Iglesias supone un peligro en ese sentido. Antes lo has dicho; a Iglesias prácticamente lo tenéis en nómina.

Casado: Iglesias puede ser letal, por estúpido antes que por intrigante; al menos, tal es el juicio de los que mandan.

Iglesias: Estoy aquí mismo, delante de ti, por si no me has visto. Que la patronal te ordene dar un paso al frente para pararme los pies son galones en mi hombro. Lo sabes, ¿no?

Casado: Me importa una mierda lo que signifique para ti; para mí es una putada. Ya lo he explicado antes: no veo la forma de salir bien parado de esta encerrona. Si le doy la espalda a una comisión de reconstrucción nacional, me sacarán los colores por no arrimar el hombro; si tiendo la mano, la Navidad se adelantará para Santi y su gente. Mi intención es boicotear todo pacto desde dentro, convirtiéndolo en un juicio público, con luz y taquígrafos, a los errores de gestión, la improvisación criminal y otros usos retóricos que Vox y los socios nacionalistas del gobierno irán barruntando... Pero debemos estar, y sobre todo *estar-ahí*, mostrar nuestra presencia inmediata y notoria para que se nos vea, se nos escuche, aunque no se nos entienda, porque no habrá nada que dilucidar... Me gustaría meter la cabeza bajo tierra el tiempo suficiente, hasta que llegue el momento de tomar el relevo en la Moncloa y sacar la guadaña, desmantelar los últimos servicios públicos que resten en pie, dejando un contorno de tiza como recuerdo del cadáver, y ganarme, yo también, mis galones como prócer del liberalismo... Pero vosotros no me entendéis. Pensáis que estoy al frente de un bloque unido en sus consignas, cuando en realidad nuestro partido no es sino una trama desflecada donde cada presidente autonómico y alcalde espera salir encumbrado por la prensa por su capacidad resolutiva y talante, y que sea yo el que se coma los marrones, y mi cabeza la que ruede llegado el momento. ¿Pensáis que yo soy un corsario ambicioso y cínico? Esperad a ver los buitres que rondarán mi cadáver si me quedo tirado en una cuneta.

Arrimadas: Eres un puto llorón. No te quejes tanto; tú al menos tienes opciones por las que decidirte. Yo, sin embargo, sólo gozaré de una oportunidad, y si fracaso me convertiré en el Hernández Mancha de mi generación.

Rufián: ¿Quién es ese?

Esteban: Un defensa central del Betis.

Iglesias: No te burles del niño, que si le sacas de Francesc Macià se nos pierde.

Rufián: ¿Y quién es ese otro, Macià?

Iglesias: Teniente coronel del Ejército de Tierra.

Rufián: ¿Y a qué viene mencionar a toda esa gente ahora? ¡Me estáis liando, cabrones! ¡Dejaos de chorradas! ¡Yo no soy el puto Abascal!

Abascal: ¡Eh, que yo tampoco!

Arrimadas: ¿Se supone que debemos incluir al Tonto, el Feo y el Malo en un pacto de Estado? Sánchez, ¿me estás diciendo que debemos impulsar una comisión parlamentaria con las mentes más obtusas de nuestra historia política? No cabe duda de que os gustan los retos.

Sánchez: Esa es la clave. La comisión no persigue soluciones, solo obligar a que cada uno de nosotros se retrate, de tal forma que podamos, desde el gobierno, repartir entre todos los costaleros el peso de las responsabilidades, los errores y la ineficacia supina. Cuantos más nos sumemos, más fácil será señalar a los que se quedan fuera, y con el dedo acusador tal vez incluso le saquemos un ojo a alguien.

Arrimadas: ¿Y los que estamos dentro?

Sánchez: Sé que os tiraréis al cuello de Iglesias y al mío a la primera oportunidad, pero os tendré más domesticados que si andáis por libre, berreando entre reconvenciones dirigidas a quien quiera escuchar. ¿Cómo es aquello? Mantén a tus amigos cerca, y a tus enemigos aún más cerca.

Arrimadas: Para nosotros es la única apuesta posible, y nos lo jugamos todo a una carta. Seremos los primeros en pedir consenso, los primeros en exigir transparencia y acuerdos, los primeros en tender manos, puentes, caminos, canales y puertos, y después de eso sólo nos quedará rogar al cielo para que los retrasados mentales que forman la base electoral de este país entren en razón y comprendan que nos deben su lealtad y esperanza. De otra forma, me tocará adelantar la jubilación, como ya le ha pasado al imbécil de Rivera.

Abascal: Inés, en el fondo eres bastante llorica, quejándote una y otra vez de lo mismo. Chatos, lo miréis por donde lo miréis, estáis jodidos.

Casado: Y tú pareces demasiado tranquilo. ¿Tan estúpido eres como para no ver que hasta tú corres peligro?

Abascal: Estúpido eres tú si crees que las pulsiones irracionales y sectarias de nuestros fieles se contentan con diálogo, acuerdos y pactos huecos. Mira a Bolsonaro, a Trump, al *teletubbie* rubio de pelo alborotado que gobierna en Inglaterra. Mi gente son los capullos que salen a pasear por la playa o por el monte en pleno confinamiento porque a ellos nadie les dice que deben quedarse en casa. Nosotros representamos al subnormal sin conciencia del peligro a quien le importa una mierda todo esto, porque son otros los que se mueren y no yo. El gobierno conspira para eliminar a decenas de miles de viejos y ahorrarse el pago de las pensiones, la Organización Mundial de la Salud es un instrumento de los chinos en su plan maestro de dominación *reptiliana* del mundo, los medios de comunicación en manos de los *rojos* y los independentistas silencian la verdad mientras roban a manos llenas las arcas de este país fracturado que han malvendido. ¡Ya sabéis cómo va esto! ¿Alguno espera que me siente a la misma mesa que vosotros? Y después, si os parece, me pongo un lazo naranja en las pelotas y dejo que caiga la guillotina, como le ha ocurrido a Rivera, que de tanto diálogo y tolerancia le han crecido tetas.

Iglesias: Consigues que se me revuelvan las tripas escuchándote.

Abascal: Lo entiendo; a mí me pasa con tu coleta.

Iglesias: Vamos, Santi, tranquilízate. Hemos perdido el compadreo de las últimas veces, y no debemos olvidar que estamos todos en el mismo barco.

Casado: Parece mentira que seáis precisamente vosotros los que ahora dais lecciones de convivencia y urbanidad.

Sánchez: En su día, acordamos dejar la acritud y la violencia verbal en la puerta.

Esteban: Creo recordar que convenimos prescindir de la retórica electoral, pero la mala leche, el rencor y el apego por la salvación de nuestro propio pellejo en mitad del naufragio, todo eso sigue intacto.

Rufián: Será que, desde el sillón de la vicepresidencia, hasta Iglesias se deja invadir por la condescendencia.

Iglesias: Condescendencia es una palabra muy alambicada para ti, ¿no? Muchas sílabas para una consigna de fe.

Rufián: Mejor lo sustituyo por independencia, que es el peaje que tendréis que pagar en esos pactos crepusculares que os estáis montando en la cabeza.

Arrimadas: Diques no faltarán para frenar ese aluvión.

Rufián: Eso suena muy poético, pero no deja de ser una chorrada. Si hay gobierno es por nosotros, y sin nosotros no lo habrá. Dudo que pilléis la ironía, pero el futuro de España depende de quienes renunciaron a España.

Sánchez: Y os lo agradecemos, pero ahora necesito unos presupuestos, y si Casado e Inés me ayudan a solventar esa papeleta, por mí Torra y tú os podéis ir a tomar por culo.

Rufián: Ya te digo yo que no quieres seguir por ese camino. Teníamos un pacto: tú te quedas con una España federal donde preservar el poder atomizado de tus feudos, y nosotros imponemos una Catalunya libre, y eso llegará, aunque sea a sangre y fuego. ¿Quieres mantener abiertas las viejas heridas mientras el desempleo y la deuda te agarran por las pelotas tan fuerte que pierdes el resuello?

Sánchez: Quiero una segunda legislatura tranquila, en mayoría absoluta, robándole la retórica a Iglesias y los votantes a Ciudadanos. Lo demás me la trae floja.

Arrimadas: Eso no va a pasar.

Esteban: Pues será mejor que no olvides el lugar que te corresponde en el tablero político de las Cortes, y espero que respetes la independencia de los vascos si no quieres sumar nuevos frentes a una guerra perdida de antemano.

Sánchez: Mirad, os ruego me disculpéis. Necesito y respeto a vascos y catalanes por igual, y no dudéis que mantendré mis intenciones con tanta o más sinceridad que abordo los acuerdos necesarios en unos pactos de Estado con Casado y Arrimadas. Soy flexible, lo sabéis.

Arrimadas: Lo que quiere decir que seguirás mirándote el ombligo en busca de pelusas.

Sánchez: Como todos.

Abascal: Iglesias, ¿y tú qué esperas sacar de esos pactos?

Iglesias: Nada. Si estuviera en tu piel, y el gobierno fuera el resultado de una coalición de derechas, interpretaría vuestro papel, con un discurso populista y demagógico de castigo, censura y desinformación. Pero ahora que ocupo algunas carteras en el gobierno, más allá de la tentación perenne por ganar puntos suficientes ante la opinión pública para mantener a flote mi imagen, lo que Pedro haga o deje de hacer me importa un rábano. ¿Qué saco yo de unos pactos amilanados en sus aspiraciones por el acuerdo con Casado y Arrimadas? A nosotros nos motivan las trincheras, como a Santi y su gente. Cualquier forma de acuerdo debe venir como obediencia y humillación a nuestros principios; en caso contrario, es una derrota. Nosotros no aspiramos a un pacto, sino a prolongar el tiempo necesario el Estado de excepción para imponer nuestras verdades como unívocas. ¿Aceptaréis en un pacto darnos el control y la censura sobre los medios? ¿Permitirá un pacto que pongamos bajo el mando único de Podemos a la industria, al sector energético o a la banca? Si no voy a ser reconocido en mi inteligencia superlativa como líder supremo de un país necesitado de mi omnisciencia, ¿para qué coño voy a perder el tiempo dando pábulo a estos inútiles que hoy me acompañan? Me haré la foto, porque no puedo ser Abascal, y pondré en un brete la concordia pretendida por Inés y su hatajo de guaperas desahuciados; os haré sudar, lo suficiente para tocaros los cojones sin que podáis echármelo en cara con argumentos ante la prensa y la televisión; pero mi juego es otro, y está más relacionado con las oportunidades que vendrán que con los males que serán su causa inmediata.

Evaristo Ventosa: No quisiera interrumpirles, pero cuando les he pedido que valoraran las posibilidad de alcanzar un gran pacto de Estado para la recuperación del país, esperaba que aportaran posibles soluciones a la crisis desde la óptica

particular que cada uno de ustedes tiene, en función de la ideología o el partido al que representan. ¿En qué consistirán esos posibles pactos de Estado? ¿Qué medidas proponen?

Rufián: A mí no me mires. Ese marrón lo tienen que resolver los partidos españoles. Lo nuestro es Catalunya, independencia, democracia, libertad de presos políticos y esas gilipolleces. No me pidáis ahora que me preocupe por problemas reales. Lo que no tenga cabida en un *tweet*, por largo que sea, no me interesa.

Arrimadas: Tranquilo, nadie espera soluciones de ti.

Rufián: Si algunos pactos de Estado han de preocuparnos, serán los de la Generalitat, que os aseguro no son fáciles. A poco que pasamos la pantalla inevitable de la denuncia a una España totalitaria y una Catalunya oprimida, descubrimos que la utopía nacionalista tiene tantos tintes como opciones hemos sabido apretujar bajo el paraguas del independentismo. Si creéis tenerlo complicado en un Madrid surcado por trincheras políticas, es que no sabéis qué supone sentar a la mesa a las CUP junto a la corte de Artur Mas y Puigdemont. ¡Dios, qué cruz!

Iglesias: ¿Y qué posición adoptará Esquerra en esos Pactos de la Generalitat? ¿Seguirás siendo el paladín fiel del obrero y el desesperanzado?

Rufián: Lejos de Madrid tengo tanta proyección política como un pelo rebelde en el pezón de una actriz porno.

Arrimadas: No sé si quiero terminar de comprender el significado de esa analogía perturbadora.

Abascal: Verás, en las películas porno las actrices tienden a resaltar sus atributos con maquillaje, operaciones estéticas y diálogos sencillos para no distraer la atención de la esencia del género, que se halla en la expresión física.

Casado: ¿Gabi, entonces, sería a la política catalana lo que un pelo al pezón de una estrella de cine para adultos?

Rufián: Dicho así, la verdad, suena peor de como quería plantearlo. Lo que pretendía decir es que...

Esteban: Lo que Gabi insinúa es que, lejos de Madrid, no es más que un *charnego* con exceso de testosterona y chulería castiza, una pose de perdonavidas que, de vuelta a casa, en Cataluña, no tiene recorrido más allá de la sátira política de programas de humor como *Polonia*.

Abascal: Y cuando regrese a su amada Catalonia, no tardará ni diez segundos en bajar el tono y meterse la lengua por el ojete, porque la alternativa es morirse de asco en la cola del paro y contar una y otra vez las mismas batallitas a sus ligues adolescentes.

Arrimadas: Abascal, vuelve usted por los fueros de esa obsesión anal que le conduce. ¿Algo que quiera compartir?

Sánchez: Retomemos la conversación adulta, por favor.

Iglesias: En ello estábamos. Gabi, dime, ¿Colau puede contar contigo en esos Pactos de la Generalitat?

Rufián: Conmigo podría contar; soy el primero que siente una entrañable nostalgia por el soviet de Santa Coloma, pero no te confundas con nosotros. Yo curraba en una ETT y quiero seguir viviendo bien de la política, alimentando mi egocentrismo y creyéndome más relevante de lo que en mi corta estatura mental debería ser. Y Esquerra es un partido de beatos carlistas y funcionarios mediocres, con tanta hambre de poder que venderíamos a nuestras madres por una presidencia, y eso haremos llegado el momento, sirviendo de bisagra entre la burguesía acomodada y nuestras bases para impedir el asalto al Palacio de Invierno de cualquier fuerza popular y coherente.

Iglesias: Ya. Te entiendo. Además, no es nada personal, ¿verdad? Sólo es política de partidos.

Rufián: Efectivamente, solo es política. Ya lo sabes. Todos lo sabéis. Todos habéis pasado por lo mismo.

Abascal: Te entiendo, hermano. Lo único que importa es caer de pie.

Esteban: Pues, nosotros lo tenemos claro. El Estado español debe cumplir con sus compromisos, pagar las facturas que abona en nuestro nombre, y que no se le ocurra tocar una coma de nuestra independencia foral. En Euskadi ya nos apañaremos, predicando con el ejemplo de cómo se deben hacer las cosas; por desgracia, la raza española nunca aprenderá, y se le viene encima otro 1898.

Arrimadas: No creo que las pandemias entiendan de fronteras forales.

Esteban: Señora Arrimadas, no sea necia. Las pandemias no son de mi competencia. Mi trabajo es gestionar la identidad de una nación y una raza en nombre de las familias de bien que habitan Euskal Herria. Lo de las enfermedades, el desempleo y la deuda es cosa de extranjeros y *maquetos*. A mí hábleme del pueblo *euskaldún*, inteligente, noble, apuesto y varonil, laborioso, emprendedor y digno. Los vascos saldremos adelante por dos motivos evidentes: porque somos vascos, y porque siendo vascos no somos españoles.

Sánchez: Inés, tú eres la que más se juega con estos pactos. ¿Qué crees que sacaremos en claro?

Arrimadas: Una declaración de intenciones que aplace vuestro proyecto federal y arrincone a Vox y Podemos.

Iglesias: En tus sueños húmedos.

Arrimadas: Si Casado y yo jugamos bien nuestras cartas, arrastraremos al PSOE a un consenso en materia territorial, obediencia fiscal en relación a la Unión Europea y moderación respecto a posibles políticas sociales, dejando con el culo al aire a los socios del gobierno.

Iglesias: Eso sería un suicidio para Pedro. Inmediatamente le daríamos la espalda, y se vería forzado a convocar elecciones anticipadas.

Arrimadas: Lo que todos firmaríamos con los ojos cerrados ahora mismo, salvo el presidente Sánchez, quien, cautivo de nuestro apoyo, habría de entregarse a suficientes exigencias por nuestra parte como para erosionar su base, devolviéndome tantos electores como para ponerme de nuevo en el camino a la Moncloa.

Iglesias: Me parece una fantasía demasiado elaborada.

Abascal: El cuento de la lechera.

Sánchez: No voy a liberar mi caladero de votantes desorientados para que regresen a vuestros brazos. Prefiero seguir atrapado en el cepo de Podemos antes que cortarme un brazo para que os rasquéis el culo con él.

Arrimadas: ¿Seguro? Piénsalo, porque algo tendrá que salir de esa comisión, y apelo a tu ego sin límites para que se te pase por la cabeza, aunque sea por un momento, la posibilidad de que podrás compensar las pérdida de votantes con el trasvase del voto indeciso a tu cuenta. ¿Acaso no te reconoces como el líder arrebatador que te gustaría todo el mundo viera en ti?

Casado: Sabes que estoy aquí, ¿no? Estás vendiendo un plan de recuperación para Ciudadanos a costa también de mi partido. ¿Qué te hace pensar que voy a suicidarme entregándote un segundo más de atención bajo los focos del que sea indispensable? Abascal y vosotros sois el lunar que debe preocuparme en caso de que crezca y se convierta en un cáncer invasor.

Arrimadas: Puede, pero los viejos elefantes de tu partido, los descontentos con la purga que llevaste a cabo y los chacales jóvenes como Ayuso que están afilando las garras, te conducirán a esa comisión, despreocupados por tu suerte, cuando no ansiosos por ver cómo te estrellas. Y querido Pablo, entiende que algo tendrá que salir de esos pactos, y te aseguro que sabré capitalizar esas migajas mejor que tú.

Sánchez: Casado y yo nos aseguraremos que ese algo no sea sino una declaración de intenciones, una hoja de ruta, un código de buenas prácticas, un zarzal de retórica complaciente, una inmensa nada con un lazo repleto de ínfulas y piruetas pizpiretas.

Casado: Inés, llegas tarde a un juego sobre un tablero que desconoces, y con unas reglas que otros escriben para ti, y que aún no has terminado de comprender.

Arrimadas: Aprendo rápido.

Sánchez: No lo suficiente.

Abascal: Hace rato que no os sigo. ¡Oye, ministro de Consumo! Ven aquí, chaval, y toma nota porque nos estamos quedando secos. ¿Vosotros qué queréis? ¿Otra ronda de lo mismo? ¿Algo de picar?

Evaristo Ventosa: Ministro Garzón...

Iglesias: ¿¡Por qué le llamas así!? ¡Hemos quedado que este impostor no es don Alberto Carlos Garzón de Espinosa y Todos los Santos de Dios y la Santa Madre Iglesias!

Arrimadas: ¿Cómo quieres que llame al chaval, si no?

Abascal: Pues, ministro de Consumo, ¿no?

Iglesias: ¡Tampoco! Mi suerte se decide en el terreno de la retórica, ¡y ahí sólo yo dicto las reglas! Este... tipo no es ministro en mi gabinete. Queda claro que si dejamos existir a esta persona entre nosotros es porque nos sirve las copas. Por eso creo que deberíamos referirnos a él por lo que realmente es: Camarero.

Casado: A mí me gusta; de hecho, así es como yo llamo a todo el mundo: camarero, o similar. ¿No sería hermoso un mundo donde los pobres no quisieran ser conocidos por su nombre, y aceptaran su destino?

Rufián: Camarero, entonces. Pero deberíamos afinar, por eso de que no haya confusiones. ¿Qué tal Camarero Español? Porque un catalán de bien no se dedica a poner copas por menos del salario mínimo; eso es propio de castellanos, manchegos y andaluces revenidos.

Esteban: Y un vasco ya ni te cuento.

Iglesias: Camarero Español, entonces.

Abascal: Creía que vosotros, los *rojos*, erais más considerados con la dignidad del peón.

Iglesias: Nosotros somos los salvadores del obrero, pero yo tengo jardín en mi casa, que nadie confunda su lugar.

Evaristo, ¿te ha quedado claro? Si quieres que te sirvan una copa, y estás en tu derecho porque al fin y al cabo tú pagas esta fiesta, dirígete al servicio con propiedad. Ya has oído: Camarero Español.

Evaristo Ventosa: Bien. Lo encuentro algo ofensivo, dadas las circunstancias, pero tampoco quiero dilatar el debate, porque esta noche parece que se agarran a cualquier fleco para eternizar sus soliloquios y sus diálogos de besugo. Señor... Por el amor de Dios... Camarero Español, y disculpe por dirigirme a usted de esta forma.

Camarero Español: ¿Por qué habría de disculparse? Soy camarero, y soy español. No veo dónde está el problema.

Evaristo Ventosa: Al inicio de esta velada, tenía usted nombre y apellidos, más tarde le reducimos a la anécdota en la gobernanza de nuestro país, y ahora le ponemos a servir copas sin la consideración siquiera de reconocerle como persona.

Camarero Español: Me queda la certidumbre de que, al acabar el día, me llevaré mi honestidad intacta de vuelta a casa, y habré contribuido a dignificar este país más que ninguno de los presentes. Así que, Camarero Español está más que bien, a pesar de la mayúscula en el adjetivo.

Evaristo Ventosa: Camarero Español sea pues... Antes ha incidido en algunas claves esenciales de la problemática económica que hemos heredado y que vuelve a cobrar protagonismo en estos días. Dado que

sus reflexiones parecen cualificadas y trata de guiarse por el sentido común antes que por otros desatinos y obsesiones, ¿podría usted dar respuesta a las preguntas que he formulado a nuestros contertulios? ¿Qué panorama político vislumbra? ¿Qué espera de un posible acuerdo, comisión o reedición de los Pactos de Moncloa? Díganos qué piensa un camarero español.

Camarero Español: En primer lugar, cabe admitir que la gestión de esta crisis sanitaria ha sido mejorable, pero la crítica está yendo más allá, moldeando un discurso frentista que persigue la erosión sin precedentes del gobierno, un argumentario que excede los límites de los partidos políticos, pero que los partidos buscan capitalizar con feroz avidez. La actitud sectaria del gobierno, por otra parte, agudiza el peligroso juego de espejos en el que nos hemos instalado: desinformación, inepcia, una agenda de vuelos y miras cada vez más miserables. Independentistas y *nacionalfederalistas* de toda laya aprovechan, más o menos agazapados, para sacar la patita, barriendo para casa; y aunque no es un buen momento para ellos, incluso han visto mermado su prestigio y minimizado su eco mediático e internacional, su mera existencia como fuerzas parlamentarias en las Cortes comporta una tensión añadida en caso de pretendidos acuerdos de reforma, que podrían orientarse hacia el sueño de tirios y troyanos de remozar la Constitución al gusto del soberanismo o el federalismo populista, tanto monta. Lo que está claro es que el gobierno y la oposición se necesitan mutuamente, al menos los ejes del bipartidismo, para negociar, entre otras cosas, una postura común en Europa con la mirada puesta en la mutualización de la deuda que se vislumbra indispensable, a falta de perspicacia financiera; y Casado habrá de responder a esta mano tendida porque las decisiones que se adopten ahora serán una herencia imposible de esquivar para el siguiente ejecutivo. En el regate corto, Sánchez buscará compartir los costes sociales y políticos derivados de la catástrofe. Es obvio que un acuerdo amplio reduciría el margen de crítica, favoreciendo una solución institucional apaciguada; lo honesto sería reconocer esta evidencia, al tiempo que se pactan unas elecciones adelantadas, a celebrarse cuando amaine la tormenta y las discrepancias puedan de nuevo salir a flote sin hundir definitivamente el pecio. El problema es que ese mismo horizonte de consenso inmediato anima a los partidos a prepararse para los tempranos comicios, socavando la misma unidad que se supone han de pregonar. Los Pactos de la Moncloa contaron con comisiones preparatorias, mesas de diálogo y canales constantes de comunicación entre los partidos, a la altura de su trascendencia; aquella inflexión histórica fue capitaneada por individuos conscientes de su papel, con tareas concretas, respuestas claras y medidas específicas para los problemas de calado que pusieron sobre la mesa. ¿Dónde se encuentran hoy esos documentos preliminares? ¿Quiénes abordarán su redacción y discusión? ¿Cuáles son los interlocutores válidos, dispuestos a arrinconar sus siglas y sus carteras de clientes en pos de la solución a problemas de alguna forma objetivados, más allá de la jerigonza mediática, del ruido y la furia en redes sociales y medios a sueldo? Encuentro infantil la forma de abordar el problema. Los que demandáis esos pactos, apelando a la retórica de los padres fundadores, no sois más que unos *millennial* gilipollas, sin altura de Estado ni tenacidad; ¡joder, si vosotros sois los primeros que no dais crédito a vuestras palabras! Pero, ¿sabéis qué es lo peor? Que en cualquier caso, ya sea por acción u omisión, esos Pactos se van a producir; en este contexto, esos acuerdos se darán, sí o sí, con un grado de opacidad dependiente de los vectores políticos en pugna. La clave, sin embargo, es la deuda, como he explicado en mis anteriores intervenciones accidentadas. Saldremos más dependientes de esta crisis, por lo que tirios y troyanos, güelfos y gibelinos, en realidad sólo se disputan esa servidumbre. ¿Nos postraremos ante una Unión Europea aún más germanizada, o bien ante unos Estados Unidos enzarzados en su lucha por la hegemonía con China, Rusia mediante, gran movimiento tectónico de fondo en la crisis definitiva del «fin de la Historia»? La deuda y el tablero internacional, recorrido por las claves subterráneas de la geopolítica y la economía-mundo en transformación, son los ejes del futuro, y al respecto sólo tengo clara una cosa: ningún partido, coalición, liderazgo, ni siquiera corriente de opinión con influencia, es capaz de ofrecer una alternativa, basada en una coherencia patriótica potente. Ninguno de vosotros, gilipollas narcisistas, engreídos y miserables, se plantea salir de esta crisis con una España de fundamentos más sólidos y estables; no lo veo en Casado o Arrimadas, supuestos defensores de una nación que poco o nada les preocupa más allá de sus siglas; no lo veo en Abascal y su imaginario, entre carpetovetónico y *nacionalpopulista*, siervo de la estupidez y postrado a poderes foráneos; y menos lo aprecio en Sánchez o Iglesias, vendiendo a la clase obrera al mejor postor entre las ínfulas posmodernas de discursos identitarios como pacata compensación. El gobierno no niega la connivencia con Soros y otras fuerzas globalizadoras, que en ejes distintos de dominación, pero con los mismos fines y similares estrategias, es lo que representan Santi y sus vocingleros, a sueldo de Moscú. Iglesias, Rufián y cualquiera dispuesto a meter el cazo en este mar revuelto no pierden oportunidad de inocular dosis mínimas pero constantes de veneno populista y tribal, preparando a la gente para que asuma como inevitable, sobre supuestas bases de progreso y justicia universal, la desmembración federalista del país... A veces, cuando os miro desde mi zulo obrero y *mileurista*, tengo la sensación de que todos estáis en el ajo de administrarnos esta agridulce muerte nacional, social y política, con el peligro añadido de que estáis estragando la urdimbre de la alfombra bajo vuestros propios pies al corromper la noción misma de democracia, soberanía, Estado, administraciones, nación. Más que líquida, esta posmodernidad donde nos anegamos es corrosiva, y nosotros, la clase obrera, sin nadie que nos represente, sin voz, criterio ni teoría para una praxis, saldremos más explotados y expoliados, más desunidos y segregados que antes... Pero saldremos, ya que alguien debe serviros las bebidas, porque sois unos putos vagos e inútiles... Así que, ¿una ronda más de lo mismo, o alguno quiere cambiar?

Evaristo Ventosa: [Rompiendo un silencio pegajoso e incómodo, al que acompaña como banda sonora la inflexión del cuero retorciéndose bajo las nalgas de los contertulios en sus poltronas. El camarero español toma los derroteros de su oficio, circunstancia que permite a carpetanos y vetones relajarse]. ¿Continuamos?

Sánchez: Concluimos. Se ha hecho tarde, y aquí queda poco que decir. Así que...

Evaristo Ventosa: En realidad, tengo una serie de preguntas, que creo relevantes, sobre distintas cuestiones: la nueva geometría en el plano de las relaciones internacionales, el futuro de la Unión Europea y de España en ese marco, las claves para reforzar los cuidados médicos y la apuesta por industrias estratégicas vinculadas a la provisión sanitaria, los ritmos y plazos de incorporación a la vida social tras el aislamiento...

Casado: Evaristo, ¿por qué no cierras la boca?

Abascal: Nosotros de eso no sabemos nada, o bien nos la trae floja. No tendríamos que explicarte lo que ya te hemos dicho.

Arrimadas: ¿No has tenido suficiente debate político y desnudo integral de conciencias por una noche?

Iglesias: Si quieres, luego, te cuento cómo estamos vigilando la aplicación de los códigos lingüísticos de respeto a la naturaleza fluida del género en los discursos y comunicados emitidos por el gobierno, sus ministerios, secretarias, funcionarios y técnicos.

Esteban: ¡Me duele la cabeza solo con escucharte enunciarlo! ¡Qué tío más pesado, coño!

Rufián: ¿No quieres preguntar nada sobre la mesa de negociación para la independencia de Catalunya? De hecho, me sorprende que no hayas empezado con ese asunto. No te lo tomes a mal, Evaristo, pero tu olfato periodístico está más atrofiado que el jubilado Rivera descendiendo de morros por una pista de nieve artificial.

Arrimadas: Rufián, usted ensaya frente al espejo esas analogías tan barrocas, ¿verdad? Le veo sentado en el váter, recién cagado, y dándole vueltas a la idea de cómo meter los pelos rizados del pezón de una estrella del porno en mitad de una charla distendida. Todo un arte.

Iglesias: Simple deformación profesional. Como Gabi es una estrella de Twitter, y ahí solo reparten premios al más merluzo, pues nos lleva ventaja.

Abascal: Gabi, te han pillado, ¡confiesa!

Rufián: Sois el peor público posible, amargados y sabiondos. ¡Qué os jodan!

Evaristo Ventosa: De nuevo creo que estamos perdiendo el rumbo de...

Sánchez: Una última pregunta.

Evaristo Ventosa: ¿Cómo dice?

Sánchez: Una última pregunta, eso es lo que tienes, así que aprovecha la oportunidad; y toma buena nota de lo que acabas de escuchar, porque si insistes en plantearnos alguna gilipollez trascendente que nos obligue a salirnos del guión que conocemos, sólo vas a oír cómo nos reímos en tu cara. Así que... Una última pregunta.

Evaristo Ventosa: Está bien. Una última pregunta... Como saben, me gusta terminar las entrevistas con un modesto juego, plagiado por lo común a las terapias de grupo, a la psicología de baratillo o a la literatura de autoayuda. No deja de ser una forma amable de invitarles a relajarse para que se sinceren. En esta ocasión, había pensado en plantearles un escenario creativo. Díganme, ¿cómo se ven de aquí a cinco o diez años? [Silencio]. Si alguno se anima a...

Arrimadas: Por supuesto; yo misma. En menos de diez años seré la primera presidenta de este país. Habré llegado al poder en el contexto de una coalición bien afinada gracias a mi talento negociador, y desde esa supuesta debilidad, me ganaré un respeto creciente entre mis rivales políticos, los medios y la ciudadanía, hasta el extremo de que considerarán mi concurso una providencia, y cuando eso suceda me retiraré para continuar con mi labor profesional desde el prestigio de los honores merecidos, a la espera de que el país me necesite de nuevo para regresar con más ímpetu en una nueva temporada, que nadie podría haber vaticinado, que todos pensarán que ha de ser mediocre, pero, en la retrospectiva del paso de los años para los actores de la serie, el espectador no tardará en sentir empatía por personajes conocidos a los que les une el cariño, de tal forma que el capítulo final extienda el regocijo, y a la vez el desamparo, certificando que la mía ha sido, tal vez, la mejor presidencia de la historia de la televisión.

Abascal: ¿¡De qué coño se supone que estás hablando!?

Iglesias: Creo... ¡Sí! Acaba de describir el argumento de *Borgen*, la serie danesa que mencionábamos antes. ¿También tendréis una crisis familiar de fondo, cuando tu carrera absorbente exija una contribución que tu marido no esté dispuesto a pagar, ansioso por volver a su trabajo al margen de tus anhelos y las necesidades del país?

Arrimadas: Supongo que todos hemos de hacer sacrificios, y el divorcio fortalecerá mi imagen de mujer golpeada por el patriarcado. Y al final de la serie, cuando Abascal me ofrezca una coalición contra natura que me podría convertir en presidenta de nuevo, yo renunciaré a ese afán, apoyando a Díaz Ayuso para que ella encabece el gobierno, y aceptando como compensación el Ministerio de Asuntos Exteriores, donde me codearé con líderes internacionales como el zar Vladimir Putin, el premier del Reino Unido Harry Styles o la presidenta de los Estados Unidos Oprah Winfrey, quien organizará en la Casa Blanca un baile en mi honor como agradecimiento por haber resuelto al fin el conflicto entre Israel y Palestina, empleando a Liechtenstein como sorprendente giro argumental en las negociaciones.

Sánchez: ¿Y quien interpretará tu papel en la versión cinematográfica producida por Netflix?

Arrimadas: Emma Watson me encarnará en mi juventud, y Meryl Streep en la madurez serena. Esa mujer es un tesoro que borda todo lo que hace.

Abascal: Estoy deseando descargarme la versión porno: *Las mamadas de Arrim...*

Todos: ¡Eh! ¡Eh! ¡Eh!

Iglesias: ¡Qué alguien traiga un bozal para este perro!

Arrimadas: Dejad que exhiba su coherencia, sin filtros, empatía, respecto ni dos putos dedos de frente. Vergüenza.

Sánchez: Lo siento, Inés; es lo que hay. En cuanto a tu relato, una previsión precisa, nada envanecida... Gabi, ¿tú cómo te ves dentro de cinco o diez años?

Rufián: Mis horizontes son más cabales y modestos. Yo creo que seré el embajador de la República de Catalunya en Madrid, capital de la Confederación Ibérica. Me darán el puesto porque tengo experiencia y hablo el idioma, que eso siempre ayuda. La Generalitat me alquilará como embajada el edificio del Banco de España, que tampoco es que os vaya a hacer falta ahora que seréis una recua de colonias franco-alemanas al sur de los Pirineos. Creo que seré un embajador *cool*, como Marzenna Adamczyk, quien representa a una dictadura encubierta pero que transmite tan buen rollo, con sus gracias castizas y su pelo enervado, que te hace olvidar que el gemelo ese con cara de Voldemor que sobrevivió a su hermano es el artífice de una tiranía jesuítica. Pues yo igual: puede que en la República de Catalunya mantengamos en régimen de servidumbre a los territorios incorporados de Valencia y Baleares, pero montaré unas fiestas acojonantes, me vestiré con chaquetas de chulapo y bailaré con la presidenta Díaz Ayuso sobre una baldosa. Y cuando los periodistas me atosiguen con acusaciones de connivencia con el Imperio ruso del zar Vladimir Putin, líder soberano de Occidente, haré correr el cava y les contaré historias de

cuando el gobierno fascista español torturaba a los presos
políticos catalanes, padres de la Independencia, en la cárcel
de Estremera, donde les obligaban a ver un episodio tras otro
de *Curro Jiménez*... Y cuando me muera, tallarán mi rostro
en la montaña de Montserrat junto a los de Companys,
Tarradellas y Pujol.

Abascal: Ostia, pues con tu cara de pan quemado tienen
trabajo los pobres canteros.

Rufián: No, si me cogen de perfil, tal que así. [Para
vergüenza de propios y extraños, Gabriel Rufián se lleva la
mano al mentón, resalta sus labios con un proyecto de beso
petrificado y achina los ojos, pretendiéndose seductor para la
imagen en piedra que habrá de inmortalizarlo].

Sánchez: ¿Quien es el siguiente en pasar por caja? ¿Don
Aitor Esteban de las Vascongadas?

Esteban: Bueno, lo mío es sencillo. Yo seguiré
representando los intereses de Euskadi en el parlamento de
España, o de lo que quede, o como se llame, o como la dejen.

Rufián: ¿Y no te ves en un País Vasco independiente?

Esteban: ¿Tengo que explicarlo otra vez? Euskadi ya es
independiente, carajo. ¿Qué quieres, que además
renunciemos a que estos merluzos nos paguen por aparentar
lo contrario? Somos vascos, pero no gilipollas, a pesar de que,
con tanto misal y boina roja, de vez en cuando se desliza
algún matrimonio entre primos hermanos; ¡pero vascos,
oiga! A mí me importa una mierda el futuro; los vascos somos

eternos, y como siempre hemos estado aquí, de aquí no nos mueve ni Dios. Ya está. No creo que sea tan difícil de entender. ¡Mira que os gusta complicaros la vida al sur de Amurrio, coño, con vuestros futuros y vuestras gilipolleces!

Sánchez: Muy bien, Aitor. Pablo, tu turno.

Arrimadas: ¿Qué Pablo?

Abascal: Eso, eso. ¿Qué Pablo? Dinos, bandido, quién te ha robado el corazón.

Iglesias: Pues yo, obviamente.

Casado: ¿Tú, por qué?

Iglesias: Porque Pedro es mi presidente, mi socio, mi amigo de abrazos partidos y botellón.

Casado: Ya, pero Sánchez y yo compartimos las responsabilidades de la edad adulta: vestimos trajes confeccionados a medida, nos afeitamos todas las mañanas y cuando vamos al peluquero no nos confunden con Isabel Pantoja con la barba de María del Monte.

Sánchez: Chicos, por favor... Veamos. Atendiendo a criterios objetivos de representación electoral: Iglesias, dinos cómo te ves en cinco o diez años.

Iglesias: Como libertador de los pueblos oprimidos del mundo. Catalanes, vascos, astures, cántabros, edetanos, turdetanos e ilergetes pregonarán mi nombre en lenguas posmodernas de género fluido. Se inaugurarán estudios humanísticos a fin de comprender la hondura de mi pensamiento, y cada párrafo de mis libros será objeto por sí solo de una tesis doctoral. Le pondrán mi nombre a ciudades, calles, plazas y edificios de un Estado identitariamente liberado de otras cadenas que las nuestras, que serán las suyas, todas a una.

Sánchez: Le pondrán tu nombre a edificios… ¿Iglesias?

Iglesias: Eso, eso. Habrá Iglesias por todas partes. En cada esquina, en cada rincón, desde la más remota aldea hasta las ciudades más populosas, Iglesias por doquier. Y en las Iglesias se enseñará el culto a mi persona y a mi palabra, al verbo hecho carne, y a la carne convertida en pan con el que alimentar a un mundo agradecido a mí, su salvador, su mesías. Iglesias para recordarme, Iglesias para agasajarme con una fe inagotable, Iglesias para reprobar a los enemigos de la verdadera fe. ¡Porque el camino del hombre recto está por todos lados rodeado por la avaricia de los egoístas y la tiranía de los hombres malos! ¡Bendito sea aquel pastor que, en nombre de la caridad y de la buena voluntad, saque a los débiles del Valle de la Oscuridad, porque Él es el verdadero guardián de su hermano y el descubridor de los niños perdidos! ¡Y os aseguro que vendré a castigar con gran venganza y furiosa cólera a aquéllos que pretendan envenenar y destruir a mis hermanos! ¡Y tú sabrás que mi nombre es Iglesias cuando mi venganza caiga sobre ti!

Abascal: Espera. ¿Eso no es de *Pulp Fiction*?

Arrimadas: Es un pasaje de la *Biblia*.

Abascal: No, coño, es de *Pulp Fiction*, la *peli* en la que un paleto blanco empotra a Marsellus Wallace, el negro enorme que lleva la pelota roja en la boca.

Arrimadas: Abascal, en serio, ¿a qué responde esa obsesión por el sexo anal? ¿De pequeño te caíste en un barril de consoladores, y lo echas de menos?

Abascal: Pero, ¿¡qué coño dices!? ¡Oye, guapa! ¡Si quieres te demuestro lo macho que soy aquí mismo!

Arrimadas: ¿Aquí mismo, delante de un grupo de hombres que te observan? No, en serio; tú eres homosexual, ¿verdad? O bisexual al menos. No sé, no quiero limitar tus opciones.

Sánchez: Vamos a seguir antes de alguno pierda definitivamente los papeles. Santi, respira hondo que te va a dar un ataque. Eso es. Respira, por la boca. Tranquilízate. Eso es. ¡Camarero Español, tráele una cerveza y un chupito de licor a este hombre que parece sediento! Santi, ¿estás mejor? Bien. ¿Puedes hablar? ¿No? Macho, no entiendo tus gruñidos. Tú, simplemente, dime si puedes hablar.

Arrimadas: Aún no vocaliza; se ha quedado atrapado en la fase de Homo Erectus.

Abascal: ¡Qué no soy maricón, joder!

Iglesias: Te está llamando otra cosa, pero, claro, los vascos de hominización no tendréis ni puta idea.

Esteban: ¿¡Qué dices de los vascos, coletas!? A ver si te tengo que abrir la cabeza de un botellazo.

Sánchez: Tranquilos. Erectos, hábiles y sapiens, estamos todos en el mismo barco. ¿De acuerdo? Vale. Bien. Eso es. Santi, ¿te encuentras mejor? Muy bien. Cuéntanos, ¿cómo te ves en cinco o diez años? ¿Devolviendo el cadáver de Franco a Atapuerca, como sexador de linces ibéricos, a caballo junto a Bertín Osborne en la portada de su último disco: *El día que me follé a tu madre mientras tú mirabas*?

Iglesias: Yo lo veo como tronado en *Mujeres y hombres y viceversa y otros animales de granja*.

Arrimadas: Tal vez salga del armario y se monte una barbería en Chueca en un matrimonio a tres bandas con un par de osos, y algún que otro madroño.

Sánchez: Vale, ya basta; hemos entrado en un bucle. Santi, cariño, dime cómo te ves en cinco o diez años.

Abascal: ¡Reventándoos a todos, hijos de puta, por moros, rojos y maricones!

Rufián: ¿No os gusta cuando saca el genio? A mí me pone palote. Es una mezcla de Tejero y el villano de *Aladín*.

Sánchez: Santi, cálmate. ¿De acuerdo? Todos somos amigos; tal vez nos hemos pasado, y te pedimos disculpas, así que cierra el horno crematorio que se escapa el calor y atiende a la pregunta. ¿Cómo te ves en cinco o diez años?

Abascal: No pienso contestar. Estoy harto de que os burléis de mí. Me he enfadado. Lo digo en serio.

Esteban: Coño, Santi, ¡qué no eres un crío de teta!

Abascal: Soy lo que vosotros hagáis de mí, con vuestras faltas de respeto, vuestro humor de *rojos* y listillos. ¿No decía Iglesias que a Vox había que sacarlo de la política? ¿No se ríen los payasos de Internet y la televisión catalana de nuestras salidas de tono, nuestras banderas y nuestro sentido del decoro patrio? Pues ya os digo que tengo a más de tres millones y medio de personas a mis espaldas, y a esos españoles les sobra rencor para recordar tantas afrentas. Somos los tarugos a los que restregáis vuestros títulos universitarios, los paletos que no sabríamos interpretar una gráfica del PIB o una pirámide de población ni aunque nos fuera la vida en ello, los zoquetes incapaces de leer mensajes de más de ciento cuarenta caracteres. Pero también somos los cuñados que sabemos de todo, y si os ponéis farrucos tratando de dejar en evidencia nuestras vergüenzas, nos encontraréis al otro lado de la trinchera, cabreados y sin escrúpulos. Somos los que no dudan, y eso debería acojonaros, lo suficiente, al menos, como para que la próxima vez que os venga la inspiración y queráis mofaros de nuestra ignorancia orgullosa, os lo penséis dos veces y mejor vayáis a reíros de vuestra puta madre si no queréis que os reviente la cara a ostias.

Iglesias: Entonces, ¿en cinco años te ves pegándole fuego al parlamento e ilegalizando todos los partidos de *rojos* y maricones como paso previo a la limpieza de la patria?

Abascal: Mira, no me parece un mal plan. Y tal vez reciclemos las mascarillas como mordazas, siguiendo vuestro encomiable ejemplo.

Arrimadas: Y no olvides vaciar los anaqueles de bibliotecas y librerías, quemando cualquier atisbo de propaganda contraria a España y su grandeza.

Abascal: Tampoco es mala idea. No veréis en mi casa o mi despacho libros que contradigan las verdades que tengo por evidentes, al margen de la realidad.

Sánchez: Y así, llegado el momento, dejaréis que germine la raza española sin esa maleza que ahoga la suerte de su elevado destino, ni extranjeros ni traidores a la patria, purgados con unas buenas leyes que protejan la integridad del país y señalen a los enemigos como extraños al género humano, piezas reciclables y otros géneros de morralla.

Abascal: Abogados tenemos, hambrientos por llenar de puertas el campo y de diques el mar.

Rufián: ¡Y en el sitio del Señor Oscuro instalarás una Reinona, que no será oscura sino hermosa y terrible como la mañana y la noche; hermosa como el mar y el sol, y la nieve en la montaña; terrible como la tempestad y el relámpago; más fuerte que los cimientos de la tierra! ¡Y todos te amarán, y desesperarán!

Abascal: Hombre, dicho así suena bien, aunque quizás un tanto excesivo. Yo prefiero pensar que, con el tiempo, dirán de mí que, por la suma de mi resolución y el extremo de mi intrepidez, fui uno de los grandes prodigios de Dios.

Casado: Todo eso en el margen de cinco a diez años.

Abascal: Sí, y también me gustaría aprender a tocar la guitarra, o el ukelele, lo que llegue antes.

Iglesias: En resumen, Santi; en cinco años te ves rodando una versión del *Señor de los Anillos* protagonizada por el Cid en el III Reich, más o menos.

Arrimadas: El Cid tocando el ukelele como Audrey Hepburn en *Desayuno con diamantes*... Abascal, debería usted abrir alguna ventana en su azotea para que corra el aire y no siga creciendo el moho.

Abascal: Quita, no vaya a pillar el virus ése de las marchas del 8M y me vuelva feminista, o peor aún, homosexual.

Sánchez: Si alguna vez te infectas de feminismo u homosexualidad, siempre puedes seguir los consejos del presidente Trump y meterte una botella de lejía en vena.

Iglesias: O una bombilla por el culo, que parece también puede resultar eficaz, según informa la Casa Blanca.

Abascal: Prefiero mil veces ser homosexual a meterme cosas por el culo.

Arrimadas: Juraría que se está quedando con nosotros, pero cuando le escuchas hablar, con tamaña temeridad, aplomo y confianza, te entran las dudas.

Abascal: Es la única forma como un bilbaíno sabe hacer las cosas: con temor, plomo y fianza.

Sánchez: Casado, sácanos de esta pesadilla propia de una noche de aficionados en el Club de la Comedia. Dinos, guapo, ¿cómo te ves en el lapso de cinco o diez años?

Casado: ¿Que cómo me veo en cinco o diez años? Presidente del gobierno, tal vez, atrapado en un cepo de reproches hacia tu gestión, y servicial a cuanto me digan aquéllos a quienes haya de obedecer. Me veo ganándome el pan con cierta amargura, pintando canas que ahora se me antojan ridículas y surcado por las mismas arrugas que hoy cincelan tu rostro otrora limpio, amigo Pedro. Me veo añorando los placeres sencillos de la corrupción, los sobresueldos, las cuentas opacas y el chocolate espeso. Y no seré yo el único nostálgico, puede que ni siquiera el más sibarita; otros muchos vendrán a mi zaga, dispuestos a acomodarse de vuelta al sitio que nunca nos debisteis usurpar: asesores, secretarios, presidentes de diputación, concejales, alcaldes. Volverán las oscuras golondrinas, y con ellas los años dorados de las visitas papales, las recalificaciones compulsivas, los sobres y las bolsas de basura a rebosar de efectivo. Me veo reflexionando sobre la vanidad espuria en el entierro de algún expresidente, mientras los buitres merodean, exigiendo que les facilite su tajada. Me atisbo soportando largas homilías parlamentarias, repletas de reproches y peticiones infantiles. ¿No te ocurre, Pedro, que siendo presidente te gustaría mandarlos a todos sin cenar a su cuarto, arrebatarles el móvil, cancelar la suscripción a Amazon Prime, guardar bajo llave la Play Station? ¡Por Dios, me invade la pereza sólo con escucharlo!

Sánchez: Lo dices como si no quisieras ocupar la presidencia por la que tanto peleas.

Casado: ¡Claro que quiero mi parcela de poder, mi cachito de atención y una esquina en algún manual de Historia de España! Nosotros no somos como los paletos que acuden como borregos a votar cada cierto tiempo; ya lo sabéis, ¡ya lo hemos hablado! Nosotros queremos ser escuchados, atendidos, considerados, referidos, respetados, desde el odio o la idolatría. Nosotros demandamos su admiración obediente, su miedo, su hastío, su abulia, su apatía, su mediocridad infantil. Nos alimentamos de todo eso, por supuesto, y no podemos prescindir de la mayor de las ambiciones, la última cima; pero, ¿no me digáis que vosotros no os ahogáis también en una infinita desidia?

Sánchez: Plantéalo de otra forma: ¿dónde te gustaría estar en cinco o diez años? ¿Quién querrías ser, si pudieras elegir? De todas formas, acabarás amargado y adicto al sillón de la presidencia que seguramente ocuparás por castigo, puede que más pronto que tarde, así que date el gusto de fantasear con lo imposible.

Casado: ¿Quién querría ser? Puede que no en cinco o diez años, pero con el tiempo, cuando alcance la senectud y vea llegar a la Parca por el retrovisor de mi coche oficial, me gustaría ser Mario Vargas Llosa.

Iglesias: ¿Ahora quieres dedicarte a la literatura?

Casado: No, no jodas; en eso soy como todos vosotros, y dejo que un *negro* me haga los deberes.

Iglesias: ¿Vamos a tener otra vez la misma discusión? ¡Algunos somos autores de prestigio!

Casado: Cierto, olvidaba las aportaciones esenciales de Iglesias al mundo de las letras, como sus *Lecciones políticas en Juego de Tronos*. Espero con ansiedad el siguiente volumen monográfico: *Heidi, estudio sociológico de la lucha de clases y la identidad de género en la España vaciada*. El resto de nosotros, que tenemos una vida y poco tiempo que perder con gilipolleces, dejamos que un escribidor frustrado con hambre editorial nos barra el suelo y nos haga la cama.

Sánchez: Entonces, si no quieres convertirte en novelista, ¿a qué viene lo de Vargas Llosa?

Casado: Me gustaría ser capaz de vivir entre dos mundos, codeándome con la aristocracia y despreciando al populacho con la misma soberbia en *El País* y en el *Hola*, y que por ello mi imagen no se viera en absoluto erosionada.

Abascal: ¿Quieres liarte con Isabel Preysler?

Casado: ¡No, joder! Quiero pontificar sobre lo divino y lo humano desde mi mansión, pasearme del brazo de una pija *rompepelotas* que mercadea con sus banalidades mientras reclamo mi lugar en el Eliseo de la inmortalidad. Quiero experimentar esa ausencia de censura pública a mis incoherencias, quiero empacharme con las mieles del cinismo liberal, la incongruencia del *cuñadismo* de academia. Quiero ser un ilustrado posmoderno, un bohemio chapado en lujo, el más prosaico de los poetas, el más falso de los *malditos* que nunca lo fueron. Quiero dejar de fingir que me importa una mierda el servicio público, y que aún haya quien salga en mi defensa por mera idolatría pagana.

Arrimadas: Corrígeme si me equivoco, pero juraría que quieres convertirte en José María Aznar.

Iglesias: Aznar es el padre que debes matar para convertirte en Aznar.

Abascal: ¿Acabas de proponer que liquidemos a un expresidente? Cuidado, que esto se está poniendo serio.

Arrimadas: ¡No, imbécil! Es una metáfora freudiana, el complejo de Edipo: matar al padre para ocupar su lugar en el lecho de la madre.

Abascal: ¿Casado quiere acostarse con Ana Botella, con la madre de Aznar, con la madre de Vargas Llosa? Joder, es un poco confuso. ¡Aclárate!

Iglesias: Pablo quiere acostarse con Isabel Preysler.

Abascal: ¿La de los anuncios de Ferrero Rocher?

Rufián: Esa misma, pero... Hombre, Casado, no digo que no tenga su punto, pero tal vez sea un tanto... madura, ¿no?

Arrimadas: ¿Qué pasa, que un hombre sólo puede acostarse con mujeres más jóvenes que él? Entonces, ¿qué? ¿Casado sólo puede follar con Tamara Falcó, pero no con Isabel Preysler? ¿Es eso?

Esteban: ¿Pablo Casado y Tamara Falcó están liados? Pero, ¿la muchacha no tuvo un asunto con un cocinero?

Casado: No, Pablo Casado está hasta los huevos de tantas tonterías, y la única certidumbre que tengo es que, en los próximos cinco o diez años, seguiré estando hasta los cojones de todos vosotros.

Abascal: Brindo por eso, hermano. ¡Seguro que en diez años seguimos igual y no cambia nada!

Arrimadas: Es lo que os digo: este tío a veces tiene unos ramalazos de lucidez que me ponen los pelos como escarpias. ¿A vosotros no os pasa?

Abascal: Querida, en Vox somos todos auténticos lucios, te lo puedo garantizar.

Iglesias: El lucio es una especie invasora, y su introducción en el medio natural está prohibida en España. Vamos, que básicamente es un inmigrante ilegal.

Abascal: Inés, ¿me acabas de llamar inmigrante ilegal? Todas las bromitas sobre mi homosexualidad te las paso, pero no te consiento que digas que soy un espalda mojada.

Esteban: Naciste en Bilbao, así que extranjero en la Meseta sí que eres. Asúmelo.

Abascal: ¡No jodas, Aitor! ¿De verdad? Me cago en la ostia, soy un lucio y yo sin enterarme. Esto que no salga de aquí, o me jodéis la carrera política. Ostia, ¿qué será lo próximo: un negro jugando en el Athletic, un catalán cobrando del PER, un murciano que vocaliza con la boca llena de guisantes? ¡El rey sin espada! ¡La tierra sin rey!

Sánchez: Todos somos unos besugos a estas horas de la noche y con demasiadas copas de más en el cuerpo. Creo que deberíamos retirarnos. Querido Evaristo…

Casado: Espera, espera. Presidente, ¿tú cómo te ves en cinco o diez años?

Sánchez: ¿Yo? No lo tengo del todo claro. Mi recorrido es de largo plazo, y como alguien escribió por mí, soy un resistente experto, así que supongo que seguiré interpretando el papel protagonista pero no sé de qué función. Está claro quién no quiero ser: cuantos nos han precedido. Ser Felipe González y ver como tu relevancia internacional se esfuma, como ya ni siquiera *El País* te hace la pelota, como se te infla el buche y se caen las hojas de los bonsáis; no, no me atrae. Ser José María Aznar resulta agotador: todos esos esfuerzos en capitalizar su presencia, esas continuas reconvenciones jesuíticas como si fuera un maestro de la posguerra, esa devoción por escucharse a uno mismo hasta que la voz chirría y las ideas descarrilan. Zapatero es un chiste, y aunque me río no me hace gracia; y Rajoy es registrador de la propiedad, lo que en sí mismo le convierte en una especie distinta al Homo Sapiens que vaga por este valle de lágrimas.

Casado: ¿Entonces?

Sánchez: Creo que la única figura en cuyo reflejo puedo mirarme con un mínimo de coherencia es Barack Obama.

Casado: ¿Barack Obama? ¿En serio? ¿Me estás diciendo que en diez años serás como Barack Obama?

Abascal: Pero, Obama es negro, ¿no?

Arrimadas: Todos fuimos negros en algún momento, Santi.

Abascal: ¡Ah, yo no! Yo soy un lucio de Bilbao, chata.

Iglesias: Pedro, sin desmerecer tu ambición, que iguala, si no supera, a la de cualquier de los presentes, dime una cosa: ¿Obama? ¿En serio?

Sánchez: Soy el Obama de Tetuán.

Abascal: Bueno, si Sánchez es de Tetuán, a lo mejor sí que tiene algo de negro, después de todo.

Arrimadas: ¡En serio! ¿Sabes situar Tetuán en un mapa pero no entiendes el significado del sustantivo «lucidez»? ¡Te estás quedando conmigo, con todos nosotros! ¡No puedes ser tan palurdo, ni tan perspicaz, ni tan alelado, ni tan maquiavélico! ¡Eres un puto enigma!

Abascal: Es que, a mí, la Geografía y la Historia siempre se me han dado mejor que la Lengua. En Educación Física también sacaba buenas notas, pero en eso seguro que ya te has fijado; ¿a que sí, guapa?

Arrimadas: Por Dios...

Esteban: Odio coincidir con los demás, pero Sánchez... ¿Obama? No te has pasado un poco de frenada.

Sánchez: Obama estudio ciencias políticas; yo fui una vez a la universidad para comprarme un título y soy político. Yo jugué al baloncesto; Obama es negro. Obama reconoció haber consumido una gran cantidad de alcohol y narcóticos en su adolescencia; yo lo sospechaba porque, como he dicho antes, es negro. Obama vivió en Chicago; yo estuve allí una vez de vacaciones. Obama visitó de joven Europa y África, y yo soy presidente de un país que se sitúa en medio. Ambos somos doctores, y ninguno de los dos tiene ni puta idea de medicina. Obama es demócrata, que es una especie de izquierda en el panorama político norteamericano, pero no es realmente la izquierda sino más bien una suerte de conservadores progresistas, tan santurrones y capitalistas como la derecha pero que no van pegando tiros al aire ni quemando clínicas abortivas, y sí, bueno, ya sabes, lo llamaremos izquierda porque no hay otra forma de llamarlo, pero con muchos peros, y mejor no insistir, no sea que se salten las costuras... Lo que aquí en España se conoce como PSOE. Obama fue galardonado con el Premio Nobel, y el mío está al caer como pronto publicará Ignacio Escolar en *eldiario.es*... Como podéis comprobar, nuestros caminos corren paralelos, por lo que todo indica que mi futuro es seguir sus pasos.

Abascal: Pues, ya sabes, en cuanto termine el confinamiento empieza a broncearte, guapo.

Sánchez: ¿Y tú, Evaristo, cómo te ves en cinco años? ¿Seguiremos contando contigo para pagar la cuenta?

Evaristo Ventosa: [Los representantes políticos apuran sus copas y se ponen en pie, dispuestos a recoger sus prendas de abrigo y marcharse; parece que han decidido dar por concluida la velada] ¿Yo? Supongo que en cinco años estaré en la cola del paro.

Abascal: Dile a Iglesias que te guarde una de esas rentas mínimas, básica o vitales que está preparando.

Sánchez: Dudo que en cinco años quede algo para repartir.

Iglesias: Yo, por si acaso, iría traduciendo el currículum al alemán, al chino o al catalán.

Casado: Y renovando el pasaporte.

Rufián: ¿Para exiliarte en Alemania? ¿Pero si está en la Unión Europea?

Casado: Espera cinco años y luego me lo cuentas.

Esteban: Evaristo, chaval, no seas rata y deja algo de propina al dueño del hotel, que estos días los hosteleros lo están pasando mal con las cancelaciones y esas mierdas. Bueno, gente, nos vemos. Agur.

Casado: Agur, Aitor. Evaristo, una cosa, la próxima vez asegúrate de que el bar esté mejor servido, porque yo Beefeater precisamente no bebo, ¿me entiendes? Pues eso. Un abrazo a todos, guapos. Hasta más ver.

Arrimadas: Casado, espera y compartimos coche. Evaristo, una vergüenza que no me hayas dado más cancha para hablar, pero ya se sabe que vosotros los periodistas *rojillos* no sois trigo limpio y me discrimináis por mi condición de mujer y por no sumarme a vuestra cuerda *filofeminista*. Que sepas que me siento maltratada, y esto es denunciable. Buenas noches, caballeros.

Abascal: Buenas noches, preciosa. Chaval, una cosa. Todo esto que no se te ocurra publicarlo sin antes hablar conmigo, y ya te digo yo lo que tienes que poner y quitar, ¿vale? Que a ti te veo muy despistado. ¡Arriba España, guapos! Gora España askatuta! ¿Dónde se ha metido Aitor? ¡Aitor! ¡Aitor, no te vayas sin mí que me tienes que enseñar el camino a casa! ¡Aitor!

Iglesias: Evaristo, sobre lo que han dicho de la renta básica, mejor espera antes de llamar porque no sé si habrá dinero para financiarla. Y si te quedas sin trabajo, yo tengo jardín, y el césped no se corta solo. ¿Vale? Ahí lo dejo. Pedro, ¿conduces tú?

Sánchez: Voy. Evaristo, quiero que sepas una cosa: estamos en guerra contra esta terrible enfermedad, y tal vez hemos cometido errores de estrategia, tal vez se han perdido algunas batallas y han caído algunos buenos soldados, pero al final lo que cuenta es derrotar al enemigo, a costa de cualquier sacrificio, con el fin último de coronar la victoria. La victoria es de los valientes, y por eso sé que vamos a ganar esta guerra, con coraje, determinación, valentía y sacrificio. Un sacrificio que te pido, y que te aseguro está a la altura de la recompensa. Así que, soldado, cabeza erguida, vista al frente y te dejo para que recojas y pagues la cuenta.

Se van todos, y Evaristo Ventosa contempla la desolación, sembrado el campo de batalla de vasos en cuyos bordes ha cuajado la saliva, montones de colillas sobre la mesa y en el suelo, migas y otros restos de comida en las crucetas de los asientos, y la insondable sensación de abandono. En el reservado del hotel sólo queda el periodista, y a pocos metros, tras la barra, el camarero que toma la bandeja y viene dispuesto a recoger. Ventosa no abandonará al hombre a su suerte ante el cuadro de moribundia que los políticos han dejado. En lugar de huir, se remanga y contribuye a limpiar con diligencia, hasta que las ínfulas del oficio le traicionan, y vuelve con una última pregunta.

Evaristo Ventosa: Señor... Eh... No sé cuál es su nombre, su verdadero nombre.

Camarero Español: Camarero español.

Evaristo Ventosa: ¿Seguro? Ya lo hemos hablado... De acuerdo. Camarero Español. Dígame, ¿cómo se ve usted en cinco o diez años?

Camarero Español: ¿En cinco o diez años? Vaya, una pregunta difícil. En cinco o diez años me veo trabajando, y contribuyendo con mi esfuerzo a un proyecto común de sociedad en el que participamos millones, desde la discrepancia pero siempre con un tolerante racionalismo guiado por el sentido común, el diálogo y la puesta en valor del esfuerzo, el deber y la inteligencia. En cinco o diez años me veo invirtiendo nuestros recursos en un plan de estabilidad económica que garantice la premisa ineludible de que nadie se queda atrás, de que la sociedad vela por todos en un marco definido por la igualdad de oportunidades y el compromiso compartido por un proyecto común llamado España, al menos mientras todos los españoles decidamos que ha de ser así, pues a todos nos afecta y no sólo a unos pocos. Me veo invirtiendo los recursos propios, y no las morosidades pendientes, en sectores productivos estratégicos y diversificados, sobre la base de una Investigación, Desarrollo e Innovación que nos llega desde las universidades, donde ya no se mercadea con los títulos y se abusa de los alumnos, sino donde esa fuente de talento se ha puesto al servicio de un propósito de regeneración económica. Me veo en un país capaz de renovar el parking automovilístico con la proliferación de vehículos adaptados a fuentes de energía sostenibles, empresas públicas que producen esa energía abaratando el precio para favorecer el consumo, de particulares y otras empresas, como una potente industria farmacéutica y sanitaria que se distingue por mantener abastecidas las necesidades del país y por ser un pilar de nuestras exportaciones, al igual que el campo, la pesca, la silvicultura, las construcción, las nuevas tecnologías, porque el Estado y la iniciativa privada son capaces de aunar esfuerzos a fin de no cargar el futuro a las espaldas de un único sector, propenso a derivas especuladoras o burbujas al borde del despeñadero. Me veo en un país que condiciona el cobro de una renta básica a la inserción laboral y la formación continua, dependientes de un cambio pedagógico en las estructuras, métodos y protagonistas del proceso de enseñanza y aprendizaje. Me veo preocupado por cada familia que no pueda acceder a la vivienda y al sustento, y como esa preocupación me resulta insoportable, nos veo buscando remedios, sin pontificar, sin arengar ni salmodiar, sin demagogia ni libelos, sin populismos, frentes ni *salvapatrias* de tres al cuarto. Nos veo dispuestos a tender la mano a los otros, y así ser más fuerte frente a la injerencia de nuevos tiranos, la glotonería del imperialismo opresor, que sigue siendo tan imperialista como siempre y más opresor que nunca. Nos veo animando a nuestros deportistas e idolatrando a nuestros genios, colmando de halagos y prebendas a la ciencia, tendiendo alfombras rojas para físicos, biólogos, economistas, químicos, literatos, docentes, médicos, ingenieros, abrumados por una atención que les convierte en referentes para nuestros hijos. Nos veo aboliendo la esclavitud de condiciones draconianas de empleo, y contribuyendo en función de nuestras necesidades y posibilidades a un bien mutuo que no nos es indiferente. Nos veo orgullosos de lo que, entre todos, hemos construido: no de una herencia fantasmagórica que la historia, la tradición, la sangre o la raza nos ha legado, sino antes de una realidad forjada sobre cimientos heredados de la que todos los días nos sabemos responsables, sin descargar el peso de esa tarea en otros, participando en la toma de decisiones y censurando la abulia que todo lo estraga. Nos veo reconociendo la sombra funesta de quienes esta noche han derrochado alcohol, palabras y ambiciones, y nos veo ninguneando a esos arribistas que se nutren del odio, la desafección, la altanería, el desprecio, la codicia y la hipocresía. Nos veo hablando con propiedad, escuchando con atención y meditando la siguiente frase, que no ha de ser siempre una réplica, y que bien puede representar la asunción de nuestros límites o la conclusión compartida con el otro. Nos veo afrontando juntos, como sociedad, libres y conscientes, los problemas que todavía no somos capaces de ver, pero que vendrán, estoy seguro. Y distingo que saldremos adelante, no por simple voluntad, ni porque así rece en una línea del discurso escrito por un asesor; no porque necesite creer o porque responda desde el miedo al abismo. No... Creo que saldremos adelante porque todo es histórico, y por lo tanto todo está llamado a cambiar, y lo hará. Como el esclavo que consideraba eterna la esclavitud, puede que no seamos capaces de cobrar la perspectiva necesaria para comprendernos en el devenir del tiempo, pero el tiempo pasa, y al final el cambio es lo único que queda.

Evaristo Ventosa: El hecho de que todo cambie no quiere decir que haya de cambiar para bien.

Camarero Español: No, para eso tendremos que implicarnos y trabajar. Así que... pongámonos manos a la obra cuanto antes.

El camarero abre la puerta del pequeño lavavajillas bajo la barra y empieza a colocar los vasos sucios en la bandeja, desaguando el contenido antes en la pila. Evaristo le ayuda, formando ambos una cadena de dos eslabones, suficiente para empezar. En poco tiempo, los dos hombres recogen gran parte del estropicio que

sus representantes electos han dejado atrás, y al mirar, con respeto, satisfacción y cierto asombro, el salón recogido y limpio, la pareja entiende que está en su mano recuperar lo que otros han malogrado, que su suerte no está decidida, y que las cargas compartidas no les garantizan resultados, pero sí una satisfacción indeleble con la que se regocijan en esta destemplada noche de confinamiento.

FIN